ASPECTOS DA
TEORIA GERAL NO
DIREITO ADMINISTRATIVO

HERALDO GARCIA VITTA

ASPECTOS DA TEORIA GERAL NO DIREITO ADMINISTRATIVO

MALHEIROS EDITORES

ASPECTOS DA TEORIA GERAL
DO DIREITO ADMINISTRATIVO
© HERALDO GARCIA VITTA

ISBN: 85-7420-311-4

Direitos reservados desta edição por
MALHEIROS EDITORES LTDA.
Rua Paes de Araújo, 29, conjunto 171
CEP 04531-940 — São Paulo — SP
Tel.: (0xx11) 3078-7205
Fax: (0xx11) 3168-5495
URL: www.malheiroseditores.com.br
e-mail: malheiroseditores@zaz.com.br

Composição
Acqua Estúdio Gráfico Ltda.

Capa
Criação: Vânia Lúcia Amato
Arte: PC Editorial Ltda.

Impresso no Brasil
Printed in Brazil
9.2001

À *minha querida mãe,* VICTÓRIA,
exemplo de amor, carinho e dedicação aos filhos.

À VALÉRIA, JORGE LUIZ *e* ANA LÍGIA,
em virtude do tempo do qual pude desfrutar
para a feitura deste trabalho.

Ao Professor Doutor CELSO ANTÔNIO BANDEIRA DE MELLO,
protótipo de jurista patriota, corajoso,
eficiente, honrado e culto.

SUMÁRIO

Introdução 15

I – O COMANDO DA NORMA

1. *O Direito. Noção. Conceito*
   1.1 As leis. Desenvolvimento 17
   1.2 Surgimento do Direito 19
   1.3 Significado da palavra "direito" 20
2. *O Direito-norma*
   2.1 O Direito como sistema normativo 21
   2.2 Ordenamento jurídico 22
   2.3 Características do Direito 24
   2.4 Direito extra-estatal? 25
3. *Ordens, comandos. O imperativismo normativo*
   3.1 O comando. A imperatividade 26
   3.2 A coerção 27
   3.3 O comando e a sanção 28
   3.4 Imperatividade e fim da norma jurídica; imperatividade e legitimidade 30
   3.5 Classificação das normas jurídicas: critério de obrigatoriedade 31
       3.5.1 Franco Montoro 31
       3.5.2 Vicente Ráo 31
       3.5.3 Hans Kelsen 33
       3.5.4 Norberto Bobbio 35
       3.5.5 Kelsen e as normas não-autônomas 36
       3.5.6 Conclusões de Franco Montoro 38

8   ASPECTOS DA TEORIA GERAL DO DIREITO ADMINISTRATIVO

      3.5.7 Normas explicativas, negativas e permissivas:
            Del Vecchio 38
4. **Coação e sanção**
    4.1 *Coação e o Direito*. Oswaldo Aranha Bandeira de Mello:
        normas primárias e secundárias. Retomada do tema 40
        4.1.1 A posição de Weida Zancaner 41
        4.1.2 Ordens coativas e sanções: Hans Kelsen 42
    4.2 *A sanção: Oswaldo Aranha Bandeira de Mello* 42
        4.2.1 A estrutura da norma e a sanção 43
    4.3 *Coercibilidade. Seus vários sentidos* 44
    4.4 *Hans Kelsen: a coação como objeto das normas*
        jurídicas 45
    4.5 *Sanção e coação: Carnelutti* 46
    4.6 *Coercibilidade, sanção e coação*
        4.6.1 Vallado Berrón 46
        4.6.2 Vicente Ráo 47
        4.6.3 Franco Montoro 47
    4.7 *Conceito de sanção* 48

II – OS PRINCÍPIOS DO DIREITO ADMINISTRATIVO

1. **Conceito**
    1.1 *Noção de princípio* 49
    1.2 *Violação dos princípios. Conseqüências* 50
2. **Princípios norteadores do direito administrativo**
    2.1 *Os princípios no direito administrativo* 51
    2.2 *O princípio da supremacia do interesse público sobre*
        o interesse privado
        2.2.1 Concepção de interesse público: Celso Antônio
            Bandeira de Mello e Lucia Valle Figueiredo 51
        2.2.2 Função pública. Celso Antônio Bandeira de Mello .. 54
        2.2.3 Direito privado e direito público 55
            2.2.3.1 *Justificação* 56
        2.2.4 Interesse público primário e secundário.
            Retomada do tema 56
            2.2.4.1 *Conseqüências* 57

SUMÁRIO

2.2.5 A sanção administrativa como decorrência do princípio 59
2.2.6 Desvio de finalidade 60
2.2.7 Posição do órgão administrativo frente aos particulares 60
2.2.8 A autotutela 61
2.2.9 Atributos dos atos administrativos 62
 2.2.9.1 Presunção de legitimidade 62
  2.2.9.1.1 Ônus da prova 62
 2.2.9.2 Imperatividade 63
 2.2.9.3 Exigibilidade 63
 2.2.9.4 Executoriedade 64
2.3 *A indisponibilidade dos interesses públicos pela Administração*
 2.3.1 Justificação 66
 2.3.2 Exemplos 66
 2.3.3 Continuidade do serviço público. Sanção 67
 2.3.4 Renúncia de poderes 67
 2.3.5 Princípios decorrentes 68
  2.3.5.1 Princípio da legalidade
   2.3.5.1.1 Estado de Polícia e Estado de Direito 68
   2.3.5.1.2 Limites formais e materiais ao agente público 69
   2.3.5.1.3 Função legislativa e função administrativa. Distinção de Renato Alessi 70
   2.3.5.1.4 Submissão à lei 71
  2.3.5.2 Princípio da finalidade
   2.3.5.2.1 Primeira vertente 71
   2.3.5.2.2 Segunda vertente 71
   2.3.5.2.3 Elemento da lei 72
   2.3.5.2.4 Críticas de Adílson Abreu Dallari 73
  2.3.5.3 Princípios da razoabilidade e da proporcionalidade
   2.3.5.3.1 Razoabilidade 73

10 ASPECTOS DA TEORIA GERAL DO DIREITO ADMINISTRATIVO

	2.3.5.3.2 Proporcionalidade	74
	2.3.5.3.3 Poder discricionário	74
	2.3.5.3.4 Ilegalidade	75
2.3.5.4	Princípio da motivação	
	2.3.5.4.1 Justificação	76
	2.3.5.4.2 Conteúdo	77
	2.3.5.4.3 Fundamentação jurídico-constitucional	77
	2.3.5.4.4 Segundo as espécies de poderes, vinculado e discricionário	78
	2.3.5.4.5 Obrigatoriedade de motivar	79
	2.3.5.4.6 Teoria dos motivos determinantes	80
	2.3.5.4.7 Sanções administrativas; outras considerações	81
2.3.5.5	Princípios da impessoalidade e da igualdade	
	2.3.5.5.1 Noção e distinção: Lucia Valle Figueiredo	81
	2.3.5.5.2 Princípio da igualdade: Francisco Campos	83
2.3.5.6	Princípio da publicidade	
	2.3.5.6.1 Significado e extensão	85
	2.3.5.6.2 Informações	86
	2.3.5.6.3 Eficácia do ato	87
2.3.6 Controle jurisdicional dos atos administrativos		
2.3.6.1	Definitividade das decisões dos juízes ..	88
2.3.6.2	Extensão do controle	89
2.3.7 Princípio da moralidade administrativa		
2.3.7.1	Decorrência da função pública e do dever de boa administração	90
2.3.7.2	E o desvio de finalidade: retomada do tema	91
2.3.7.3	Elemento objetivo	92
2.3.8 Princípio da eficiência		
2.3.8.1	Conteúdo incerto da palavra	93
2.3.8.2	É o dever de boa administração	93

SUMÁRIO 11

2.3.8.3 Não é o lucro 94
2.3.9 Princípio da segurança jurídica
2.3.9.1 Princípio geral de Direito 94
2.3.9.2 Extensão 95
2.3.9.3 Sanções administrativas 95
2.3.10 Princípios do devido processo legal e da ampla defesa
2.3.10.1 Generalidades 96
2.3.10.2 Exigências inconstitucionais 97
2.3.10.3 Medidas preventivas 98
2.3.10.4 Extensão do conceito 99

III – INTERPRETAÇÃO E APLICAÇÃO DO DIREITO

1. **Noções gerais**
   - 1.1 Os particulares nas relações com a Administração 103
   - 1.2 A Administração Pública. Importância 104
   - 1.3 As palavras no direito administrativo 105
     - 1.3.1 Mudanças aparentes e não reais, efetivas 105
   - 1.4 Particularidades do direito administrativo 106
     - 1.4.1 Métodos idênticos aos do direito privado 107
   - 1.5 Interpretação e aplicação 107
   - 1.6 Hermenêutica 108
   - 1.7 Operação lógica: a interpretação 108
   - 1.8 Sentido e alcance da norma jurídica 109
   - 1.9 Lei clara? 110
   - 1.10 Kelsen e a moldura do Direito 112
   - 1.11 Subsunção 112
   - 1.12 A interpretação científica 113
2. **Técnicas de interpretação** 113
   - 2.1 Técnica gramatical
     - 2.1.1 Generalidades 114
     - 2.1.2 Uso da linguagem: ensinamentos de Gordillo 115
     - 2.1.3 Ensinamentos de Cammeo 117
   - 2.2 Processo lógico
     - 2.2.1 Dedução e indução 117

2.2.2 Divisão da Lógica 118
2.2.3 No Brasil 119
2.3 Processo sistemático
2.3.1 Importância 119
2.3.2 Método jurídico: Ferrara 120
2.3.3 Especificidades no direito administrativo 123
2.3.3.1 Nas sanções administrativas 124
2.3.4 Gordillo e o método jurídico 124
2.3.5 Conclusões quanto ao método 128
2.4 A interpretação histórica
2.4.1 O que é? 128
2.4.2 Método "a posteriori" 129
2.4.2.1 Cautelas do exegeta 129
2.4.2.2 Direito estrangeiro 130
2.5 Processo teleológico
2.5.1 O fim da lei 131
2.5.1.1 Variabilidade 131
2.5.2 Interpenetração com o processo sistemático 132
3. Resultado da interpretação
3.1 Efeitos da interpretação 132
3.2 Exemplos no direito administrativo 133
3.3 "Corrigir" os termos legais 134
3.3.1 Interpretação restritiva 134
3.3.2 Interpretação extensiva 135
3.3.3 Exemplos 136
3.4 Sanções administrativas 136
4. Integração das leis
4.1 A analogia
4.1.1 Conceito 136
4.1.2 Classificação 138
4.1.3 Requisitos 138
4.1.3.1 Direito privado 139
4.1.4 Aplicação, direito excepcional e especial 140
4.1.5 Interpretação extensiva e analogia 142
4.1.5.1 Cabimento nas sanções administrativas? .. 143
4.1.6 Conclusão sucinta 144
4.1.7 Argumentos analógicos

SUMÁRIO 13

	4.1.7.1	Classificação	144
	4.1.7.2	Advertência	145
	4.1.7.3	Sanções administrativas	146

4.2 Princípios gerais do Direito

	4.2.1	Compreensão	147
	4.2.2	E analogia jurídica	148
	4.2.3	Exemplos	149
	4.2.4	Limitação	149
	4.2.5	Tipologia. Juan Carlos Cassagne	150
	4.2.6	No direito administrativo	152
		4.2.6.1 A distribuição das cargas públicas. No direito administrativo e no direito tributário	153

Bibliografia 157

INTRODUÇÃO

1. O estudo do Direito não prescinde do entendimento que se tenha da norma jurídica. Ela é o ponto de partida do cientista do Direito, pois a partir dela teremos noção segura de todo o resto, base de todos os trabalhos subseqüentes. Se o cientista não entende a norma jurídica, sua finalidade, sua estrutura – enfim, seus contornos básicos –, certamente terá maiores dificuldades para o estudo da Ciência do Direito. Essa compreensão deve ser exigida também dos demais agentes que interpretam e aplicam as normas, ou seja, dos juízes, promotores e procuradores, advogados e servidores públicos.

2. Por isso, nosso enfoque nesta obra foi de ordem geral: o Direito e suas características fundamentais; a norma jurídica e sua estrutura; o comando normativo, a sanção, a coação, os diversos tipos de coercibilidade. Buscamos, ainda, o critério de obrigatoriedade da norma jurídica, ingressando no exame, sucinto, dos estudos realizados por autores de escol. Isto sem nos alongarmos no tema, ante sua complexidade.

3. A aplicação da norma jurídica pressupõe o seu conhecimento, como se viu, mas também dos princípios vetores do ordenamento jurídico-positivo. Especificamente em relação ao direito administrativo os princípios fundamentais são estudados neste trabalho, como seqüência lógica do estudo da aplicação da norma jurídica. Realçamos aspectos práticos, tanto quanto possível, sem perdermos de vista o amplo conhecimento teórico exigido pelo tema. Fixamos nosso ponto de vista impressionados com a desordem jurídica no país, conseqüência do abandono dos princípios constitucionais pelas autoridades públicas: a interpretação jurídica deve ser feita em função da hierarquia normativa; os princípios, como vetores do ordenamento jurídico-positivo, comandam as regras inseridas no sistema, são o fundamento delas, alicerces sem os quais as regras não existiriam.

4. A Ciência do Direito tem seus métodos próprios, específicos. São técnicas que o cultor jurídico deve procurar a fim de poder interpretar a norma e sobretudo para poder aplicá-la. Tais métodos são importantes para todos os que labutam na área jurídica. A Hermenêutica Jurídica, analisada sucintamente neste trabalho, procura ressaltar a importância da técnica no Direito; se desejarmos fazer justiça, somente por meio de certos métodos poderemos alcançá-la.

5. A analogia e os princípios gerais de Direito têm feição específica no direito administrativo; constituem, por assim dizer, integração da ordem jurídica, porém com contornos, sob certos aspectos, diferentes do direito privado. O estudo da analogia e dos princípios gerais de Direito deve, pois, ser feito sob o prisma do direito público, em especial do direito administrativo.

6. Aliás, praticamente todo o desenvolvimento do trabalho foi feito sob a perspectiva do direito administrativo, numa tentativa de aproximarmos os institutos jurídicos, da Teoria Geral do Direito, ao ramo denominado "direito administrativo".

Nosso desejo é o de que tenhamos conseguido obter algum resultado satisfatório, embora não definitivo, como tudo no Direito. Para nós, se provocarmos novas discussões jurídicas, já basta. Devemos almejar isto: novas descobertas, a partir das nossas experiências. É o fundamento da vida humana.

I
O COMANDO DA NORMA

1. O Direito. Noção. Conceito: 1.1 As leis. Desenvolvimento; 1.2 Surgimento do Direito; 1.3 Significado da palavra "direito". 2. O Direito-norma: 2.1 O Direito como sistema normativo; 2.2 Ordenamento jurídico; 2.3 Características do Direito; 2.4 Direito extraestatal?. 3. Ordens, comandos. O imperativismo normativo: 3.1 O comando. A imperatividade; 3.2 A coerção; 3.3 O comando e a sanção; 3.4 Imperatividade e fim da norma jurídica; imperatividade e legitimidade; 3.5 Classificação das normas jurídicas: critério de obrigatoriedade: 3.5.1 Franco Montoro; 3.5.2 Vicente Ráo; 3.5.3 Hans Kelsen; 3.5.4 Norberto Bobbio; 3.5.5 Kelsen e as normas não-autônomas; 3.5.6 Conclusões de Franco Montoro; 3.5.7 Normas explicativas, negativas e permissivas: Del Vecchio. 4. Coação e sanção: 4.1 Coação e o Direito. Oswaldo Aranha Bandeira de Mello: normas primárias e secundárias. Retomada do tema: 4.1.1 A posição de Weida Zancaner; 4.1.2 Ordens coativas e sanções: Hans Kelsen; 4.2 A sanção: Oswaldo Aranha Bandeira de Mello: 4.2.1 A estrutura da norma e a sanção; 4.3 Coercibilidade. Seus vários sentidos; 4.4 Hans Kelsen: a coação como objeto das normas jurídicas; 4.5 Sanção e coação: Carnelutti; 4.6 Coercibilidade, sanção e coação: 4.6.1 Vallado Berrón; 4.6.2 Vicente Ráo; 4.6.3 Franco Montoro; 4.7 Conceito de sanção.

1. O Direito. Noção. Conceito

1.1 As leis. Desenvolvimento

De acordo com Platão, a destruição dos seres humanos por dilúvios, pragas e muitos outros flagelos fez com que apenas uma pequena porção da espécie humana tenha sobrevivido. Com toda probabilidade, os homens progrediram muito gradualmente, e não de súbito, exigindo para seu progresso uma enorme quantidade de tempo.

Os homens, nas épocas mais remotas, não possuíam a arte da escrita e viviam de acordo com os costumes – segundo as leis dos ancestrais. Isso já resultava numa espécie de *governo*, baseada na *autoridade pessoal*.

Em face dos infortúnios, grupos humanos viviam em famílias isoladas, nas quais os mais velhos governavam em função do poder transmitido pelos antepassados, formando-se um *governo patriarcal*, uma realeza. Depois formaram-se grupos maiores, aglomerações maiores.

De início dedicaram-se à agricultura nos flancos das montanhas; fizeram cercas de pedras brutas para se proteger dos animais ferozes, até a construção de grandes habitações comuns.

As instalações maiores foram se desenvolvendo a partir das menores; mas estas continuaram a reter consigo o mais velho como chefe de família e alguns hábitos peculiares. Os pais de cada clã inculcavam em seus filhos sua própria mentalidade, chegando eles, então, às comunidades maiores, cada uma delas dotada de leis próprias. Cada clã tinha suas próprias leis, não tendo em alta conta as de seus vizinhos.

O passo seguinte teria sido a reunião dessas comunidades para a escolha de alguns membros de cada clã. Após a verificação dos costumes de todos os clãs, teriam notificado publicamente os líderes e chefes tribais, indicando quais daqueles costumes os haviam agradado mais, recomendando sua adoção. Esses membros seriam chamados *legisladores*.[1]

Rousseau destaca a família como a mais antiga de todas as sociedades, a única natural. De acordo com o filósofo: "(...) só se prendem os filhos ao pai enquanto dele necessitam para a própria conservação (...)".[2] Se essa necessidade cessar, desfaz-se o liame natural. A partir daí ocorre a independência dos membros da família: "(...) os filhos, isentos da obediência que devem ao pai, e este, isento dos cuidados que deve aos filhos (...)".[3] A continuarem unidos, já não é mais algo natural, mas voluntário – portanto, convencional.

1. Platão, *As Leis*, Livro III, pp. 135 e ss.
2. *Do Contrato Social*, Livro I, Capítulo II, p. 55.
3. Rousseau, idem, ibidem.

O filósofo destaca a ordem social, denominando-a *direito sagrado*, "que serve de base a todos os outros".[4] Para ele, "tal direito, no entanto, não se origina da natureza: funda-se, portanto, em convenções (...)".[5]

Segundo o Mestre o pacto social dá existência e vida ao corpo político; mas seu movimento e vontade dar-se-ão através da *legislação*.[6]

Aristóteles alude à principal sociedade natural, a família; a sociedade que em seguida se formou de várias casas chama-se aldeia; e a sociedade que se formou da reunião de várias aldeias constitui a Cidade.[7]

Essas sucintas menções mostram-nos a importância da ordem legal entre os homens: as leis foram instituídas para regular as condutas humanas, consideradas em relação com outras condutas.

1.2 Surgimento do Direito

No entanto, não podemos determinar propriamente um tempo no qual o Direito teria surgido. Convém, apenas, na ordem lógica, verificarmos o princípio que constitui a essência de um conceito. Neste aspecto, a observação histórica torna-se decisiva: "A aparição fenomênica do Direito coincide, portanto, com o estabelecimento de uma coordenação ética entre os homens, em razão da possibilidade e de necessidade recíprocas: a determinação objetiva de exigências e obrigações respeitantes correlativamente a vários indivíduos constitui o surgimento do Direito (...). A observação histórica não nos mostra senão homens *convivendo*: e também nos modos primitivos de convivência se encontram, na relação com os sentimentos dos indivíduos que compõem o conjunto, e com a natureza das coisas circunstantes, algumas persuasões reguladoras da prática mútua, que constituem também uma ordem do Direito. Nem poderia ser diversamente, de

---

4. Idem, p. 54.
5. Idem, ibidem. Realça Lourival Gomes Machado ser a convenção fundada na sociedade organizada, pois aceita voluntariamente. "'Convencional' e 'natural' (...) opõem-se, na linguagem rousseauniana, para marcar a diferença entre o que é obra da vida em sociedade e da consciência daí resultante para o homem, e o que se deriva dos impulsos naturais do indivíduo que, supostamente, vivesse em isolamento" (anotações ao *Do Contrato Social*, de Rousseau, ob. cit., p. 54, nota 3).
6. Rousseau, ob. cit., p. 105.
7. *A Política*, pp. 3-4.

fato, pois que sem um nexo desta espécie, isto é, sem um sistema de mútua exigência, não se poderia conceber uma real comunhão de vida entre os homens".[8]

Dessas brilhantes palavras, tão bem encarecidas, de Del Vecchio, conclui-se a precedência dos usos e costumes na ordem entre os homens; só depois, gradativamente, através de formalidades próprias, criadas pelos indivíduos, instituíram-se as leis.

1.3 Significado da palavra "direito"

O estudo do observador recai sobre o objeto.[9] Cada objeto tem um significado; logo, o objeto deve ter um nome, um termo no qual todos devam compreendê-lo. Trata-se de *convenção*.[10]

Porém, nem todas as palavras ou termos têm significados unívocos. Alguns possuem significados variados, como ocorre com a palavra "direito". Trata-se de conceito não-unívoco, porque sua expressão contém realidades distintas. Logo, "direito" tem várias significações, consistindo em realidades diferentes, porém análogas, entre as quais: norma, faculdade, justo, ciência e fato social.[11] Por isso, Franco Montoro diz ser o termo "direito" conceito análogo, e não equívoco.[12] Apesar disso, devemos lembrar os ensinamentos de Geraldo Ataliba, para quem *direito* "consiste em uma palavra equívoca, ou seja, desig-

---

8. Giorgio Del Vecchio, *Pressuposti, Concetto e Principii del Diritto*, pp. 166-167.
9. "Objeto é uma porção de realidade delimitada em qualidade, quantidade e duração" (Francesco Carnelutti, *Teoria Geral do Direito*, p. 23).
10. Diz Jacques Maritain: *"Termo é todo som articulado que significa convencionalmente um conceito*. Observemos em que sentido os termos são sinais *convencionais*: que o homem se sirva de palavras para exprimir os conceitos de seu espírito, isto lhe é *natural*, deriva de faculdades e inclinações próprias de sua essência; mas que *tais* palavras ou termos signifiquem *tais* conceitos, eis o que não decorre da instituição da própria natureza, mas sim de uma *disposição arbitrária do homem*" (*Lógica Menor – Elementos de Filosofia 2*, "A Ordem dos Conceitos", p. 70).
11. Norma: a lei geral, obrigatória – faculdade: poder, prerrogativa – justo: o que é devido por justiça – ciência: ciência do Direito – fato social: fenômeno da vida coletiva (cf. André Franco Montoro, *Introdução à Ciência do Direito*, 23ª ed., pp. 33-34).
12. Para o professor os conceitos podem ser *unívocos* (referem-se a apenas uma realidade, como "eucalipto", "vidro", "livro"), *equívocos* (aplicam-se a realidades inteiramente distintas, como "lente", aplicável ao professor e ao vidro refratário) e *análogos* (aplicam-se a realidades distintas, mas semelhantes, como "direito", aplicável a norma, faculdade ciência etc.) (cf. *Dos Conceitos em Geral*, apostila do Curso de Pós-Graduação da PUC-SP, 1º semestre de 1997).

nadora de realidades distintas".[13] Afirma o ilustre jurista: "A palavra 'direito' designa, essencialmente, duas coisas: a Ciência do Direito e direito positivo. A Ciência do Direito é um acervo, um conjunto sistemático de princípios, de categorias, de técnicas, de fórmulas de compreensão e apreensão de seu objeto, que é o direito positivo, que consiste em um sistema de normas. Conceitua-se, assim, o direito positivo: como um conjunto sistemático e unitário de normas jurídicas, que disciplinam o comportamento social dos homens. Estudamos o direito positivo, mediante o cultivo da Ciência do Direito, operando com princípios, categorias e técnicas formuladas pela própria Ciência do Direito; portanto, lidamos com entidades extremamente lógicas e imateriais de cunho científico, que se devem incorporar bem ao nosso acervo de conhecimentos, pois servirão sempre de instrumento para que possamos interpretar o direito positivo".[14]

Interessa-nos o conceito de Direito-norma; para nós, sinteticamente, Direito "é o conjunto de princípios e normas jurídicas que regem, coercitivamente, a relação social". Com essa singela definição incluímos a ação humana no campo de aplicação do Direito,[15] acentuamos o Direito como norma e distinguimos a norma jurídica de outras normas, em face da coercibilidade.

2. O Direito-norma

2.1 O Direito como sistema normativo

O Direito é um sistema normativo.[16] *Sistema* "é o conjunto de regras e princípios sobre uma matéria, tendo relações entre si, for-

---

13. Geraldo Ataliba (coord.), *Elementos de Direito Tributário*, p. 19 (III Curso de Especialização em Direito Tributário, PUC-SP).
14. Geraldo Ataliba, idem, ibidem.
15. Acentua Del Vecchio: "As precedentes considerações nos mostram que o Direito supõe por sua própria essência uma correlação entre muitos indivíduos, tanto que não há atribuição de valor jurídico ao comportamento de um sujeito, que não implique referência a um comportamento alheio" (ob. cit., p. 165). Kelsen aduz: "As normas de uma ordem jurídica regulam a conduta humana (...) é a conduta de um indivíduo em face de um, vários ou todos ou outros indivíduos, a conduta recíproca dos indivíduos, que constitui o objeto desta regulamentação (...)" (*Teoria Pura do Direito*, 5ª ed., pp. 33-34).
16. Maria Helena Diniz contesta, de certa maneira, essa afirmação. Segundo a autora: "(...) o Direito não é um sistema jurídico, mas uma realidade que pode ser

mando um corpo de doutrinas e contribuindo para a realização de um fim. É o *regime*, a que se subordinam as coisas. Assim, todo *conjunto de regras*, que se devem aplicar na ordenação de certos fatos, integrantes de certa matéria, constitui um sistema. Destarte, há *sistemas jurídicos, sistemas econômicos, sistemas sociais, sistemas de trabalho* etc.".[17]

Com efeito, ressalta Geraldo Ataliba: "Não há possibilidade de isolarmos um único instituto jurídico para ser estudado separadamente, porque ele faz parte de um sistema. Se tentarmos este método, que é o que o leigo faz, provavelmente chegaremos a resultado equivocado. Não podemos, no trabalho científico-jurídico, desconsiderar o caráter sistemático do Direito. Na interpretação do sistema jurídico, vamos aplicar nossos conhecimentos jurídicos, ou seja, a Ciência do Direito. A Ciência do Direito é composta por um conjunto de princípios universais, protótipos, arquétipos (que ela própria engendra e cria), e que devem ser do nosso conhecimento (...)".[18]

2.2 Ordenamento jurídico

Esse sistema normativo é um *ordenamento*, isto é, "uma entidade unitária constituída pelo conjunto sistemático de todas as normas".[19]

A teoria do ordenamento jurídico baseia-se em três caracteres fundamentais: a unidade, a coerência e a completitude. Tais características fazem com que o Direito no seu conjunto seja um ordenamento; e, portanto, uma entidade nova, distinta das normas singulares que o constituem.[20]

---

estudada de modo sistemático pela Ciência do Direito (...)" (*Conflito de Normas*, 2ª ed., p. 8). Com efeito, para ela "As normas jurídicas são partes de um âmbito maior, que é o Direito; sendo assim, não esgotam a totalidade do Direito, nem podem identificar-se com ele. O Direito seria uma ordenação heterônoma das relações sociais, baseada numa integração normativa de fatos e valores" (p. 11).
 17. De Plácido e Silva, *Vocabulário Jurídico*, v. IV, p. 242.
 18. Ob. cit., p. 14.
 19. Norberto Bobbio, *O Positivismo Jurídico*, p. 197. Esse autor – aliás, um dos mais brilhantes juristas – explica ter sido a Itália o país divulgador da expressão "ordenamento jurídico", por meio de Santi Romano, em 1917; depois os franceses socorreram-se da expressão *ordre juridique*, ou ainda do termo *ordonnancement*; quanto aos ingleses, inclinam-se ao termo *system* (ob. cit., p. 198).
 20. Bobbio, ob. cit., p. 198.

(a) A *unidade do Direito* considera as normas jurídicas postas pela mesma autoridade, podendo todas ser reconduzidas à mesma fonte originária, constituída pelo poder legitimado para criar o Direito. O exemplo de Bobbio é esclarecedor: "Se pergunto a um juspositivista por que não devo roubar, ele me responde que não devo porque assim estabeleceu o juiz, ou o costume ou o legislador (segundo se trate de um ordenamento judiciário, consuetudinário ou legislativo); e se insisto e pergunto por que devo obedecer ao que estabelece o juiz ou o costume etc., ele me responderá que devo porque assim estabeleceu o poder supremo".[21-22]

A *(b) coerência* e a *(c) completitude* estão ligadas. Ensina-nos Bobbio, seguindo Savigny e Carnelutti: "Concluindo: a incoerência do sistema é a situação em que 'há' uma norma e 'há' uma outra norma incompatível com a primeira; a incompletude é a situação em que não há 'nem' uma norma, 'nem' uma outra norma incompatível com esta. Na incoerência há uma norma a mais (há ... há); na incompletude há uma norma de menos (nem ... nem)".[23]

Vale dizer: a coerência do ordenamento jurídico consiste na possibilidade de o sistema, no caso de normas contraditórias entre si, conferir legitimidade ao órgão competente para eliminar uma delas; já a completitude permite ao intérprete integrar o próprio ordenamento, suprindo a falta da norma, por exemplo, através da analogia.[24]

21. Bobbio, ob. cit., p. 200.
22. André Franco Montoro, a respeito da distinção entre o direito positivo e o direito natural, acentua: "O direito natural, na sua formulação clássica, não é um conjunto de normas paralelas e semelhantes às do direito positivo. Mas é o fundamento do direito positivo. É constituído por aquelas normas que servem de fundamento a este, tais como: 'deve-se fazer o bem', 'dar a cada um o que lhe é devido', 'a vida social deve ser conservada', 'os contratos devem ser observados' etc. – normas essas que são de outra natureza e de estrutura diferente das do direito positivo" *(Introdução ...,* cit., p. 35). Para maiores esclarecimentos, v. Bobbio, ob. cit., pp. 15-22.
23. Ob. cit., p. 202.
24. O ordenamento jurídico tem uma estrutura. As normas se inter-relacionam, de maneira que algumas estão num mesmo plano hierárquico, e eventuais antinomias são resolvidas segundo o critério da norma posterior revogando a anterior (critério cronológico); algumas são especiais e devem prevalecer em face das normas gerais (critério da especialidade); e outras são hierarquicamente superiores, resolvendo-se as incompatibilidades mediante a prevalência das normas de maior hierarquia normativa (critério hierárquico). São critérios específicos do Direito, garantidores de sua unidade e, sobretudo, de sua coerência.

2.3 Características do Direito

Para compreendermos o que estamos estudando, vamos mencionar as características fundamentais do Direito – seguindo, no ponto, as elencadas por Geraldo Ataliba.[25] Sucintamente, iremos procurar explicá-las, trazendo os ensinamentos dele e os de Celso Antônio Bandeira de Mello.

(1) O caráter *dogmático* do Direito significa ser ele um dogma; temos de recebê-lo sem discuti-lo, pois cabe a outras ciências essa tarefa, tais a Economia, a Política, a Ciência da Administração.

(2) O caráter *instrumental* tem a conotação de o Direito servir de instrumento a determinados fins do Estado e das pessoas que o compõem. Os instrumentos são as leis e os atos jurídicos em geral, inclusive os atos administrativos. Trata-se de um meio de que se vale a sociedade a fim de obter certos comportamentos compatíveis com a vida social.

(3) O Direito é *formal*; por decorrência, *abstrato*. Seus problemas devem ser resolvidos exclusivamente pela ordem jurídica, à luz de seu caráter formal. Se o Direito não absorver certos fatores – por exemplo, econômicos –, não cabe ao intérprete fazê-lo.

(4) A consideração de o Direito ser *abstrato* resulta de seu formalismo. Ele não é tangível como as realidades naturais. Pode-se rasgar uma Constituição, porém ela não deixará de existir.

(5) O caráter *sistemático* do Direito faz com que ele seja *unitário*. O Direito é um conjunto harmônico em que as partes guardam relações de harmonia e equilíbrio entre si. É um sistema que não tem vazios, enclausurado, fechado. A lacuna é da norma, e não do sistema. Além disso,

(6) Não se pode *isolar* um único instituto jurídico para ser estudado separadamente, porque ele faz parte de um sistema. Não há norma jurídica avulsa, isolada.

(7) Direito é *coatividade*. A estrutura do mundo normativo (jurídico, moral, religioso ou de regras de civilidade) é a mesma: hipótese, mandamento e sanção. Contudo, apenas a norma jurídica tem a possibilidade de *coação*. A coatividade não precisa constar em uma certa e determinada norma: pode estar no sistema. A coatividade é considerada em relação ao destinatário da norma, a quem a transgrida. Se o comportamento dele não aderir ao preceito legal irá desen-

25. Ob. cit., pp. 14 e ss.

cadear a sanção, e a ordem jurídica irá providenciar outros comportamentos humanos – de fiscais, oficiais de justiça, de promotores etc.

(8) O caráter *atributivo* do Direito consiste no fato de ele poder qualificar pessoas, coisas e situações – como definir *pessoa jurídica, comerciante, industrial*. Assim, além de atribuir obrigações ou deveres e direitos às pessoas, a norma jurídica qualifica a realidade.

2.4 Direito extra-estatal?

Muitos doutrinadores discutem se o Direito repousa apenas no Estado – isto é, deriva dele – ou se, ao contrário, teríamos diversos sistemas jurídicos ou ordens jurídicas, como as do direito canônico, das associações etc. Assim expõe Franco Montoro:

"A palavra 'direito' aplica-se geralmente às normas jurídicas elaboradas pelo Estado, para reger a vida social, como por exemplo o Código Civil, a Constituição, o Código Comercial, as demais leis federais, estaduais e municipais, os decretos etc.

"Mas, ao lado do direito estatal, existem outras normas obrigatórias, elaboradas por diferentes grupos sociais e destinadas a reger a vida interna desses grupos. Estão nesse caso, pelo menos em grande parte, o direito universitário, o direito esportivo, o direito religioso (canônico, muçulmano etc.), os usos e costumes internacionais etc. – o mesmo ocorre com as normas trabalhistas derivadas de convenções coletivas, acordos e outras fontes não-estatais."[26]

O problema é que esses sistemas normativos não-estatais estão interligados ao direito estatal, nas normas jurídicas advindas do Estado. Esclarece Waline: "Ao contrário, toda sociedade organizada tem seu Direito; ele não é privilégio exclusivo do Estado. Cada grupamento de homens, seja uma associação, um sindicato, uma federação, edita para seus membros regras de conduta, por exemplo por um regulamento interno, pelas quais *prevê sanções*. (...). Essas diferentes ordens jurídicas são ligadas entre si por liames de coordenação, para sua integração comum numa ordem jurídica superior. Por exemplo, os direitos das associações, dos sindicatos, são integrados no direito superior do Estado que os domina e os engloba".[27]

26. *Introdução* ..., cit., p. 36.
27. *Manuel Élémentaire de Droit Administratif*, 4ª ed., p. 2, grifos nossos.

3. Ordens, comandos. O imperativismo normativo

3.1 O comando. A imperatividade

O Direito, segundo a maior parte dos juristas, é um comando, uma ordem. A ordem tem as seguintes características: *(a)* a existência de um sujeito que emite a ordem; *(b)* um sujeito que a recebe; *(c)* uma comunicação entre o sujeito que emite a ordem e o que a recebe; *(d)* que o sujeito que recebe a ordem não somente entenda a expressão emitida em geral, senão que a entenda enquanto ordem, que compreenda seu sentido imperativo; *(e)* que o sujeito que recebe a ordem esteja em situação de obedecer ou desobedecer.[28]

Alguns autores, como José Vilanova, refutam a qualidade de imperatividade das normas jurídicas. De acordo com o autor, *(a)* nas normas consuetudinárias, que não são expressas, e sim dadas pela efetiva conduta, não se pode supor um sujeito emissor. Aliás, o direito internacional assenta-se, basicamente, nos costumes. O mesmo autor ressalta o fato de *(b)* as normas obrigarem também o legislador, invertendo a característica de que as ordens pressupõem uma relação entre dois sujeitos. Resulta absurdo o ato de se dar uma ordem para si mesmo. Outro tópico mencionado por ele *(c)* está nas "ordens" dadas a sujeitos que ainda não nasceram. São as normas jurídicas protetoras do nascituro. Finalmente, o autor critica o *(d)* requisito da compreensão da ordem pelo sujeito passivo, porque se choca com a regra segundo a qual a ignorância do Direito não escusa a obrigação de cumprir a norma.[29]

O mesmo raciocínio é feito por Norberto Bobbio. Por exemplo, não se poderia supor as normas consuetudinárias como imperativas, porque "o comando é a manifestação de uma vontade determinada e pessoal, enquanto o costume é uma manifestação espontânea de convicção jurídica (ou, se se deseja, é manifestação de uma vontade, mas indeterminada e impessoal)".[30] Ocorre questão idêntica com o direito internacional, no qual não há relação de subordinação, própria dos comandos, pois as relações são estabelecidas em base paritária.[31]

---

28. Cf. José Vilanova, *Elementos de Filosofia do Direito*, 2ª ed., p. 157.
29. José Vilanova, ob. cit., p. 158.
30. Ob. cit., p. 181.
31. Bobbio, ibidem.

A questão é tormentosa. Especificamente com relação aos costumes, Del Vecchio enaltece a existência de uma vontade, a do povo, ao desejar a observância de determinada máxima jurídica. Ou seja, os costumes seriam apenas o modo de se revelar a vontade popular: "A existência de uma vontade não pode mostrar-se dúbia quando a norma de Direito seja declarada como ato legislativo; mas essa é sempre de se reconhecer ainda quando o Direito seja tacitamente expresso no uso. (...) não é de crer que uma prática ainda que longamente seguida vá por si instituir um princípio jurídico. O simples *fato* de uma constância no modo de operar não cria, como tal, o Direito, mas somente pode ser um *meio* pelo qual se revela a vontade, existente no povo, de que uma certa máxima jurídica seja observada. No fato do costume o Direito tem, pois, somente seu aspecto sensível".[32]

3.2 A coerção

Mas, a bem da verdade, o Direito intui[33] comando e obediência. A norma jurídica, para ser observada, não prescinde desses pontos de contato. Explica Carnelutti: "Se perguntarmos a um leigo que forma se designa com a palavra 'direito', ocorrer-lhe-á logo pensar em um homem que comanda e em um outro que obedece ou desobedece: um ladrão e um policial, um acusado e um juiz, um cidadão e o governo (...)".[34]

Com efeito, ao dizermos serem as normas jurídicas imperativas "porque são prescritivas, porque impõem um dever, porque regulamentam a conduta social",[35] a proteção-coerção[36] seria elemento essencial do Direito:

32. Del Vecchio, ob. cit., p. 168.
33. "Intuição é visão direta de um objeto que se dá de um modo imediato ante a nossa consciência, sem intermediários, ou seja, sem que haja nada de permeio, do objeto dentro do sujeito conhecedor" (Maria Helena Diniz, *Compêndio de Introdução à Ciência do Direito*, 8ª ed., p. 124, nota 256).
34. Carnelutti, ob. cit., p. 87.
35. Maria Helena Diniz, *Conceito de Norma Jurídica como Problema de Essência*, 2ª ed., p. 63. Acrescenta a ilustre professora da PUC-SP que a norma jurídica não é apenas um imperativo, mas um imperativo autorizante, pois, além de prescrever um dever, "autoriza o lesado pela sua violação a exigir o seu cumprimento, a reparação do dano causado, ou ainda a exigir a reposição das coisas ao estado anterior" (p. 143). Logo, é um "imperativo autorizante, que é a definição dada por Goffredo Telles Júnior, *O Direito Quântico*, Cap. 6" (ibidem).
36. "*Coerção*. Do Latim *coertio* (ação de reprimir), tem sido aplicado no mesmo sentido de *coação*. Mas, em significado mais próprio e técnico, no sentido de

"A proteção-coerção é elemento essencial do direito objetivo, tanto assim que as normas jurídicas positivas se distinguem das normas espirituais, ou morais, principalmente por seu caráter coercitivo. "Representa a proteção-coerção, portanto, a possibilidade do Poder Público intervir, com a força, em defesa do direito ameaçado, ou violado, a fim de manter, efetivamente, a vida em comum, na sociedade."[37]

Vale dizer – na lição de Franco Montoro, citando Leon Petrasizki: "Para marcar essa diferença [*da norma jurídica em relação às normas morais, religiosas e costumes sociais*] Petrasizki caracteriza as normas jurídicas como 'imperativo-atributivas'. Todas as normas de conduta são de certa forma obrigatórias ou imperativas, porque impõem determinado comportamento. Mas a lei jurídica, além de impor a uma parte o cumprimento da obrigação, *atribui* à outra parte o direito de exigir rigorosamente esse cumprimento. Por isso, além de imperativa ou obrigatória – como as demais normas –, ela é, também, atributiva".[38]

3.3 O comando e a sanção

O comando pode ser visto *(a)* em relação ao sujeito ativo: aquele que dá um comando deve estar investido de uma autoridade; *(b)* em relação ao sujeito passivo: o destinatário encontra-se em posição de obrigação; *(c)* em relação à razão de obedecer: obedece-se ao comando por seu valor formal, isto é, pelo único fato de ser uma manifestação da vontade do superior; *(d)* em relação ao fim: o comando é dado no interesse daqueles de quem procede, pois as leis são expressão da vontade popular. Mas pode haver normas estabelecidas no interesse dos destinatários, como as relativas à circulação pelas estradas, e outras estabelecidas no interesse comum dos governantes e dos governados; *(e)* em relação às consequências do acatamento: se o cumprimento do comando causar consequências negativas, apenas

ação de reprimir, de refrear, é usado para indicar a *punição* imposta aos delinquentes, como um atributo da justiça. Neste sentido, não se confunde com o vocábulo 'correção', *ato de corrigir*, pois que é tido mais como *ato de castigar*, extensivo, assim, a toda sorte de penas aflitivas" (De Plácido e Silva, ob. cit., v. III, p. 449).
37. Vicente Ráo, *O Direito e a Vida dos Direitos*, 5ª ed., p. 54.
38. *Introdução* ..., cit., p. 306.

aquele que o impôs é responsável por elas, e não aquele que o acatou; *(f)* em relação às conseqüências do inadimplemento: *ocorre a sanção*, ou seja, *uma conseqüência institucional, organizada, desejada e efetivada por aquele que estabeleceu o comando*.[39]

Diz, textualmente, Austin:

"Um comando (...) é uma expressão de desejo. Mas um comando é distinto das outras expressões de desejo pela seguinte característica: que a parte para a qual é dirigido é passível de um mal sob a ação do outro, no caso de não-satisfação do desejo. Sendo passível de um mal da tua parte, se não satisfaço um desejo que tu exprimes, eu estou *vinculado* ou *obrigado* pelo teu comando, ou eu me acho no *dever* de obedecê-lo (...). Comando e dever são, por isso, termos correlatos, no sentido de que o significado denotado por um é implicado ou suposto pelo outro. Ou, em outras palavras, onde quer que haja um dever, foi expresso um comando; e onde quer que tenha sido expresso um comando, um dever foi imposto.

"Concisamente, o significado da correlação é este. Quem deseja infligir um mal no caso do seu desejo não ter sido respeitado enuncia um comando exprimindo ou notificando o seu desejo."[40-41]

Volvendo a Bobbio, o positivismo jurídico é "caracterizado pelo fato de definir constantemente o Direito em função da coação, no sentido que vê nesta última um elemento essencial e típico do Direito".[42] Para o positivismo jurídico, *Direito, coação* e *Estado* são três elementos indissoluvelmente ligados. Resume o autor: "Para a teoria clássica [*Kant, Austin, Jhering, Del Vecchio, Carnelutti*] a coerção é o *meio* mediante o qual se fazem valer as normas jurídicas, ou, em outras palavras, o Direito é um conjunto de normas que se fazem valer coativamente; para a teoria moderna [*Kelsen e Ross*] a coerção é o *objeto* das normas jurídicas, ou, em outros termos, o Direito é um conjunto de normas que regulam o uso da força coativa".[43]

---

39. Cf. Bobbio, ob. cit., pp. 184-185 (grifos nossos).
40. *Lect. On Jur.*, v. I, p. 89, *apud* Norberto Bobbio, ob. cit., p. 105.
41. Kelsen compartilha desse entendimento. Para o autor o Direito são "ordens coativas, no sentido de que reagem contra as situações consideradas indesejáveis, por serem socialmente perniciosas (...)" (ob. cit., p. 35).
42. Ob. cit., p. 147.
43. Bobbio, ob. cit., p. 155.

3.4 Imperatividade e fim da norma jurídica; imperatividade e legitimidade

A norma jurídica tem por fim assegurar a paz social. Diz, com proficiência, Celso Antônio Bandeira de Mello: "A norma jurídica é, pois, o instrumento que regula comportamentos humanos na vida social, a fim de instaurar nela a paz e a afirmação de determinados valores, coligidos pela força legislativa, como sendo relevantes para o bem estar social".[44]

Para essa finalidade – isto é, visando à paz dos homens – a norma jurídica não prescinde da imperatividade. Esclarece Maria Helena Diniz: "A norma jurídica é imperativa no sentido de que sua finalidade primordial é dirigir direta ou indiretamente o comportamento dos indivíduos, das comunidades, dos governantes, dos funcionários, no seio do Estado e do mesmo Estado na ordem internacional. Ela prescreve como deve ser a conduta de cada um. É um comando voltado para a conduta humana (...)".[45]

Explica Tércio Ferraz a imperatividade da norma, no sentido de que afeta o problema da legitimidade do Direito, ante o fato de tal qualidade produzir efeitos imediatos. São suas palavras: "Uma norma é vinculante ou tem imperatividade na medida em que se lhe garante a possibilidade de impor um comportamento independentemente do concurso ou da colaboração do endereçado, portanto a possibilidade de produzir efeitos *imediatos*, inclusive sem que a verificação da sua validade o impeça. Por exemplo, pode ocorrer, num caso extremo, um ato administrativo inválido (a expropriação estabelecida por uma autoridade absolutamente incompetente), que será impugnado pelo endereçado, mas, entrementes, o seu direito de propriedade fica extinto, não podendo ele gozar do bem expropriado, nem impedir modificações físicas, não cabendo à autoridade suportar os riscos eventuais se o bem perecer. Percebe-se que a imperatividade afeta imediatamente o problema da legitimidade do Direito".[46]

---

44. "Metodologia do direito administrativo", aula proferida no Curso de Especialização em Direito Administrativo da PUC-SP, 1972, p.17, *apud* Maria Helena Diniz, *A Ciência Jurídica*, 4ª ed., p. 105.
45. *A Ciência* ..., cit., p. 105.
46. *Teoria da Norma Jurídica*, 3ª ed., p. 134.

3.5 Classificação das normas jurídicas: critério de obrigatoriedade

Como cediço, a doutrina serve-se de critérios diversos para classificar as normas jurídicas; entre eles, o critério de sua "obrigatoriedade". Assim, as normas jurídicas podem ser *(a)* imperativas, subdivididas em imperativas (positivamente) e proibitivas (negativamente), e *(b)* dispositivas, subdivididas em permissivas e supletivas.

3.5.1 Franco Montoro

Franco Montoro explica que as normas imperativas possuem obrigatoriedade absoluta; "mandam ou proíbem de modo incondicionado, isto é, não podem deixar de ser aplicadas, nem modificadas pela vontade dos que lhes são subordinados";[47] são as normas de *ordem pública*. Quanto às dispositivas, são "as que se limitam a permitir determinado ato [*permissivas*] ou a suprir a manifestação da vontade das partes" [*supletivas*]. Estas últimas, "normas supletivas, subsidiárias ou interpretativas, suprem a falta de manifestação da vontade das partes. São 'normas' que só se aplicam quando os interessados não disciplinarem suas relações".[48]

3.5.2 Vicente Ráo

Neste sentido elucida Vicente Ráo:

"Consideradas do ponto de vista de sua forma, ou modo de exteriorização de seu conteúdo, as normas de Direito ora ser revelam como *ordens*, ou *mandamentos*, ora como *diretrizes*, ou preceitos meramente *dispositivos*.

"Como *ordens*, ou *mandamentos*, podem ser imperativas, quando determinam *o que se deve fazer*, ou proibitivas, quando declaram o que *não se deve fazer*: umas e outras revestem caráter *absoluto* e não comportam alterações resultantes da vontade dos agentes, ou partes.

"Como *diretrizes*, as normas contêm preceitos de caráter *dispositivo*, que se tornam, também, obrigatórios, em não havendo as partes convencionado ou agido por modo diverso."[49]

---

47. *Introdução* ..., cit., p. 340.
48. Franco Montoro, *Introdução* ..., cit., p. 342.
49. Ob. cit., p. 197.

O mesmo autor, em nota de rodapé,[50] cita De Ruggiero (*Istituzioni di Diritto Civile Italiano*, v. I, pp. 26 e 27), o qual, por sua vez, lembra a contestação que muitos autores fazem à existência das normas permissivas, pois, afora o campo do que se deve e do que não se deve fazer, prevalece, como pressuposto, a liberdade dos agentes ou partes, isto é, o *lícito jurídico*, que, dessa forma, não precisa ser designado por normas específicas.[51]

Um outro aspecto, porém, ainda é importante destacar, nos termos da lição de De Ruggiero, citado por Vicente Ráo: "O autor citado [*De Ruggiero*] reconhece, em tese, a procedência da crítica; [*acima, o "lícito jurídico"*] mas também admite que, na realidade, normas existem que, consideradas quanto ao seu conteúdo, revelam possuir funções próprias, como, por exemplo, as que suprimem uma proibição anterior, ou uma restrição anterior, ou resolvem uma dúvida provocada por outra norma, ou, o que é o mais comum, determinam com mais precisão as condições objetivas e subjetivas exigidas para a prática de uma ação, ou de uma omissão; e, em todos esses casos, as normas acenadas possuem caráter *permissivo*".

E completa o autor italiano: "A todas essas categorias se acrescentam as normas *meramente negativas*, as quais declaram que a um determinado fato não se prende nem uma ordem, nem uma condição, ou que com a verificação de determinado fato devem cessar as ordens ou proibições inerentes a outro fato. Windscheid (*Pand.*, I, p. 80) indica, como exemplo do primeiro caso, a norma que declara a inexistência da obrigação de se pagarem as dívidas de jogo e, como exemplo do segundo, a que declara extinta a obrigação pelo pagamento, ou a ação prescrita pelo decurso de certo tempo".[52]

---

50. Vicente Ráo, ob. cit., Título III, p. 197, nota 3.
51. Essa assertiva, porém, no que concerne ao direito público não tem muita procedência, pois, ao contrário do particular, que pode fazer tudo o que a lei não proibir, o Estado só pode fazer o que a lei indicar expressamente, conforme a lição de Celso Antônio Bandeira de Mello: "A atividade administrativa deve não apenas ser exercida sem contraste com a lei, mas, inclusive, só pode ser exercida nos termos de autorização contida no sistema legal. A legalidade na administração não se resume à ausência de oposição à lei, mas pressupõe autorização dela, como condição de sua ação. Administrar é 'aplicar a lei, de ofício'" (citando em rodapé Seabra Fagundes, *O Controle dos Atos Administrativos pelo Poder Judiciário*, 5ª ed., Forense, 1979, pp. 4-5) (*Curso de Direito Administrativo*, 13ª ed., p. 37).
52. Ob. cit., Título III, p. 197, nota 3.

3.5.3 Hans Kelsen

Segundo Kelsen a norma jurídica pode ser de "regulamentação positiva e negativa" (ordenar, conferir poder ou competência, permitir). Para o autor a conduta humana disciplinada por um ordenamento normativo ou é uma ação ou uma omissão. A regulamentação normativa da conduta humana por um ordenamento normativo processa-se *(a)* por forma positiva e *(b)* por forma negativa. No primeiro caso *(a)* o ordenamento positivo *(a-1)* prescreve a realização ou a omissão de um determinado ato (quando é prescrita a omissão de um ato, esse ato é proibido). Se o indivíduo se conduz conforme a norma, cumpre sua obrigação; caso contrário viola a norma ou sua obrigação; ou *(a-2)* confere poder ou competência ao indivíduo para produzir, por meio de determinada atuação, conseqüências estabelecidas pelo ordenamento, especialmente para produzir normas ou para intervir na sua produção. O caso é o mesmo se o ordenamento confere ao indivíduo poder ou competência para estabelecer atos coercitivos sob as condições estatuídas pelo mesmo ordenamento jurídico; ou *(a-3)* proíbe de forma geral determinada conduta, porém permite-a por uma norma que limita o domínio de validade daquela. Por exemplo, uma norma proíbe, de forma genérica, o emprego da força por um indivíduo contra outro, e uma norma particular o permite em caso de legítima defesa.[53]

Para o autor austríaco, "num sentido amplo, toda a conduta que é fixada num ordenamento normativo como pressuposto ou como conseqüência se pode considerar como autorizada por esse mesmo ordenamento e, neste sentido, como positivamente regulada".[54]

Pela forma negativa *(b)* a conduta humana, não sendo proibida pelo ordenamento, também não é positivamente permitida por norma delimitadora do domínio de validade de uma outra norma proibitiva. Logo, a permissão encontra-se num sentido meramente negativo.[55]

Quanto à permissão, conforme o autor, além do *(a)* caráter negativo, acima explicado, há o *(b)* caráter positivo, especialmente quando do "se opera uma limitação de uma norma proibitiva de determinada conduta, através de uma outra norma que permite a conduta proibida

---

53. De Ruggiero, *apud* Vicente Ráo, ob. cit., p. 197, nota 3 do Título III.
54. Kelsen, ob. cit., p. 17.
55. Idem, p. 18.

sob a condição de esta permissão ser concedida por um órgão da coletividade, que para tal tem competência (...)".[56]

Conclui o autor: "A função – tanto negativa como positiva – da permissão está, assim, essencialmente ligada com a da *prescrição*. Somente nos quadros de um ordenamento normativo que prescreve determinada conduta humana pode ser permitida uma determinada conduta humana".[57-58]

Finalmente, para Kelsen o termo "permitir" é utilizado no sentido de *(c)* "conferir um direito": "Quando, numa relação entre *A* e *B*, se prescreve a *A* o dever de suportar que *B* se conduza de determinada maneira, diz-se que a *B* é permitido (isto é, que ele tem o direito de) conduzir-se dessa maneira. E quando se prescreve a *A* o dever de prestar a *B* um determinado *quid*, diz-se que a *B* é permitido (isto é, que ele tem o direito de) receber aquela determinada prestação de *A*. No primeiro caso, a proposição 'é permitido a *B* conduzir-se de determinada maneira' nada mais diz que esta outra: 'é *prescrito* a *A* o *dever* de suportar que *B* se conduza de determinada maneira'. E, no segundo caso, a proposição 'é permitido a *B* receber aquela determinada prestação de *A*' não significa senão o mesmo que esta: 'é *imposta* a *A* a *obrigação* de prestar a *B* um determinado *quid*'. O 'ser *permitido*' da conduta de *B* é apenas um reflexo do 'ser *prescrito*' da conduta de *A*. Este 'permitir' não é uma função da ordem normativa diferente do 'prescrever'".[59]

---

56. Kelsen, ob. cit., p. 18.
57. Idem, ibidem.
58. Kelsen, ob. cit., p. 18 (grifo nosso).
59. Daí por que acentua José Souto Maior Borges, a respeito do auto de infração na órbita tributária: "Tanto na hipótese de o órgão julgador, em instância administrativa ou jurisdicional, confirmar o auto de infração, por considerá-lo procedente, quanto na hipótese inversa, de reformar dito auto, por considerá-lo improcedente ou nulo, entendendo que não existe norma tributária que ligue uma sanção à conduta do autuado – quer dizer: uma norma que obrigue o autuado a adotar conduta oposta àquela que efetivamente adotou, objeto do auto de infração –, haverá aplicação do Direito. O ordenamento jurídico regula o comportamento humano não só positivamente, obrigando a uma determinada conduta, mas também negativamente, enquanto permite uma determinada conduta pelo fato de não a proibir. O que não é juridicamente proibido é juridicamente permitido. Confirmado ou infirmado o auto, haverá, portanto, sempre, aplicação do Direito. Na hipótese de improcedência do auto a autoridade revisora aplicará o ordenamento jurídico, que permite ao autuado conduta oposta àquela que deu origem à atuação" (*Lançamento Tributário*, 2ª ed., pp. 156-157).

3.5.4 Norberto Bobbio

Bobbio refere-se à "construção imperativista das normas permissivas". Vamos resumir seu estudo,[60] pois para ele a crítica doutrinária – segundo a qual a teoria imperativista não é exata, porque no Direito há, além das normas imperativas, as permissivas – é superável.

A expressão "normas permissivas" é ambígua. Há duas categorias de tais normas: as *normas permissivas* em sentido próprio, isto é, que atribuem uma *faculdade ou licitude*; e as *normas atributivas*, ou seja, que conferem um *poder*.

As normas permissivas em sentido próprio não contrariam a doutrina imperativista, por não serem normas autônomas, mas disposições que *limitam* (negam entre certos limites ou entre certos casos) um imperativo anteriormente estabelecido. Assim, a norma que permite a eleição de domicílio especial para determinados negócios apenas limita a norma que ordena como domicílio próprio um lugar no qual cada um "tenha estabelecido a sede principal dos seus negócios ou interesses" (art. 42 do CC).

Enquanto na norma permissiva encontramos a *faculdade*, que é oposta ao *dever*, na norma atributiva encontramos o *poder*, que é correlato ao *dever*. Neste caso há um poder conferido ao sujeito, mas esse poder comporta sempre um dever por parte de um outro sujeito. Assim, enquanto o credor tem o poder de exigir o pagamento da soma emprestada, o devedor tem o dever de restituí-la. Tal correlação é *recíproca*: como o poder implica o dever, o dever implica o poder.

Sintetiza o autor: "Enquanto a faculdade é criada por uma norma permissiva, que nega o dever estabelecido por uma norma imperativa precedente, o poder e o dever são duas situações correlatas criadas relativamente a dois sujeitos diversos a partir da mesma norma, que pode assumir indiferentemente a forma estilística imperativa ou atributiva. A norma atributiva então é apenas uma norma imperativa na qual o legislador se exprime em termos de poder, em lugar de se exprimir em termos de dever, dirigindo-se ao destinatário do poder, em vez de dirigir-se àquele do dever (...)".[61]

---

60. Kelsen, ob. cit., p. 18 (grifos nossos).
61. Ob. cit., pp. 186-188.

3.5.5 Kelsen e as normas não-autônomas

Kelsen atribui a determinadas normas o caráter de "normas não-autônomas". Vamos procurar sintetizar seu pensamento.[62]

Se a lei contém uma norma que *(a)* prescreve determinada conduta e uma outra norma que liga à não-observância da primeira uma *sanção*, aquela não é norma autônoma, mas está ligada à segunda. Ela estabelece apenas, de forma negativa, os pressupostos a que a segunda liga a sanção. O Código Penal moderno, por exemplo, não diz "não matarás"; isto seria supérfluo. Limita-se, hoje, a ligar sanções penas a determinados tipos legais.

Às vezes as normas jurídicas *(b)* apenas permitem positivamente determinada conduta, limitando o domínio de validade da norma jurídica que proíbe essa conduta na medida em que lhe liga uma *sanção*. É o caso da legítima defesa. Outro exemplo: a norma proíbe o comércio de bebidas alcoólicas, no pressuposto de uma pena; porém, tal norma é limitada por outra, a qual permite o comércio de bebidas alcoólicas mediante autorização da autoridade competente – isto é, neste caso, a conduta não é punível. Esta última norma é uma "norma não-autônoma", pois limita o domínio de validade da primeira, e apenas faz sentido em combinação com ela. Ambas formam uma unidade.

Outras vezes *(c)* a norma jurídica retira completamente a validade de outra norma, derrogando-a. A norma derrogatória é não-autônoma, porque se pode compreendê-la apenas em conexão com outra norma estatuidora de atos de coerção.

Da mesma forma, são normas não-autônomas *(d)* as "conferidoras de competência", no sentido de conferir a um indivíduo um poder jurídico, ou seja, de lhe conferir o poder de produzir normas jurídicas. Elas fixam apenas um dos pressupostos aos quais – numa norma autônoma – se liga o ato de coação. Trata-se *(1)* de normas que conferem competência para a produção de normas jurídicas gerais, as normas da Constituição que regulam o procedimento legislativo ou põem o costume como fato produtor do Direito; e *(2)* de normas que regulam os procedimentos jurisdicional e administrativo.

Finalmente, *(e)* normas não-autônomas são consideradas as que determinam com maior exatidão o sentido de outras normas. Por

---

62. Bobbio, ob. cit., p. 188.

exemplo, uma norma que defina o homicídio só tem caráter normativo em conexão com o artigo que pune o delito.

Depois da obra *Teoria Pura do Direito* o autor austríaco modificou seu entendimento acerca das normas primária e secundária: "Se se admite que a distinção de uma norma que prescreve uma conduta determinada e de uma norma que prescreve uma sanção para o fato da violação da primeira seja essencial para o Direito, então precisa-se qualificar a primeira como norma primária e a segunda como secundária – e não o contrário, como o foi por mim anteriormente formulado. A norma primária pode, pois, aparecer inteiramente independente da norma secundária. Mas é também possível que uma norma *expressamente formulada*, a primeira, isto é, a norma que impõe uma conduta determinada, geralmente não apareça, e apenas apareça a norma secundária, isto é, a norma que estabelece a sanção. Desta forma formulam-se reiteradamente normas jurídicas nas modernas leis.

"O moderno legislador do Direito não diz: 1. 'Não se deve furtar' e 2. 'Se alguém furta deve ser punido com cadeia', ou: 1. 'Deve-se pagar um empréstimo recebido' e 2. 'Se alguém não pagar um empréstimo recebido, deve ser dirigida uma execução em seu patrimônio', mas ele se limita, comumente, a estabelecer a norma que liga ao furto a sanção da pena de prisão, ou ao não-pagamento de um empréstimo recebido a sanção de execução forçada."[63]

A norma primária – ou seja, a que prescreve a conduta – é supérflua, porque implicada na norma secundária – a que estatui a sanção: "Pois a norma que estatui um ato de coação como sanção aparece como a primária e a nela implicada, que de modo algum é expressamente formulada, e não precisa ser expressamente formulada, aparece como norma secundária. Nisto se expressa o decisivo papel que a sanção existente num ato de coação desempenha no Direito como uma *ordem de coação*. A estatuição desta sanção é tão essencial que se pode dizer: o Direito impõe uma conduta determinada *somente* por ligar à conduta contrária um ato de coação, de modo que uma certa conduta somente se juridicamente 'imposta' pode ser considerada como conteúdo de um 'dever jurídico', quando o oposto é a condição à qual uma norma liga uma sanção".[64]

63. Kelsen, ob. cit., pp. 60-65.
64. Kelsen, *Teoria Geral das Normas*, pp. 181-182.

3.5.6 Conclusões de Franco Montoro

Em face das divergências doutrinárias, Franco Montoro conclui: "Após essas considerações, é oportuno observar que a expressão norma 'imperativa' pode receber, na linguagem jurídica, três significações diferentes:

"1) em sentido amplíssimo (...), toda norma jurídica é imperativa; as próprias normas permissivas ou supletivas são, de certo modo, obrigatórias ou imperativas: a lei 'manda' que certos atos sejam 'permitidos', ou que se aplica 'supletivamente' determinada disposição;

"2) em sentido menos amplo, norma imperativa é a norma jurídica que manda ou proíbe de modo absoluto e não pode ser alterada pela vontade das partes, isto é, são as normas de ordem pública;

"3) em sentido estrito, a expressão se restringe às normas imperativas 'positivas', com exclusão das imperativas negativamente ou proibitivas."[65]

3.5.7 Normas explicativas, negativas e permissivas: Del Vecchio

Convém acrescentarmos as *normas explicativas*; que desenvolvem um conceito, esclarecem o que fora estabelecido por outra norma jurídica. Trata-se, a nosso ver, de normas imperativas, pois o legislador volta-se às organizações judiciárias, impondo-lhes entender e aplicar a expressão no sentido e nos termos definidos. Aliás, esse é o entendimento sufragado por Del Vecchio.[66]

O citado jurista acrescenta a inter-relação entre a norma jurídica anterior e a posterior explicativa, na medida em que esta é parte ou representa, mais especificada, a repetição daquela. Haveria a mesma força obrigatória em ambas, idêntica característica imperativa.[67]

---

65. *Introdução* ..., cit., p. 341.
66. "Circa la terza classe, delle norme *esplicative (o dichiarative)* (...) si è da una parte osservato che, in quanto esse procedono dal legislatore, includono sempre un significato di comando; il quale ha appunto in ciò il proprio oggetto, che una certa parola od espressione *deve* essere intesa nel modo determinato (...). In specie, la volontà del legislatore si rivolge in cotesti casi agli giudiziari, imponendo loro di intendere ed applicare quelle espressioni nel senso e nei termini definiti (...)" (ob. cit., pp. 172-173).
67. "Altri hanno seguito una via diversa, per arrivare ugualmente a ricongiungere le norme esplicative alle precettive o proibitive, negando quindi una ragione

O mesmo autor – a nosso ver com razão –, ao aludir às normas negativas, deixa claro cuidar-se de "verdadeiro e próprio comando", pois obrigam a reconhecer a abolição de uma determinada norma preceptiva ou proibitiva, em parte ou na totalidade de seus efeitos.[68]

Quanto às normas permissivas, vamos nos valer, mais uma vez, dos ensinamentos do citado jurista italiano, cujas palavras vêm ao encontro de nosso entendimento acerca da matéria.[69]

(a) O "permitido" aparece como simples paráfrase do análogo imperativo: no exemplo "o contraente pode exigir do outro contraente efetuar a prestação prometida", corresponde à expressão da norma "quem promete deve efetuar a prestação prometida".

(b) De outro lado, a norma, ao expressar ser juridicamente permitido ao ofendido defender-se, ou ao mandatário renunciar ao mandato, ou ao jogador que perdeu não pagar o débito contratado, limita ou nega em certo modo a esfera da sua aplicação de outro imperativo pressuposto. Ela é uma espécie de norma negativa ou um modo de apresentá-la; e, como tal, é imperativa. Quando a lei permite a legítima defesa, limita os imperativos que vedam ofender a pessoa; em matéria civil, quando a lei permite ao mandatário renunciar ao mandato, nega, na condição indicada, o imperativo inerente à conclusão do contrato; a permissão jurídica de não pagar dívida de jogo pressupõe o comando genérico de cumprir os acordos.

E arremata: "No fim, pois, conforme o que foi estabelecido, ocorre ter decidido que cada proposição jurídica tende essencialmente a salvaguardar uma possibilidade graças à exclusão de outra com ela incompatível. De onde se segue que, como com razão notaram

---

intrinseca di distinzione nella loro natura. Che cosa sono in fatti (si è chiesto) le norme esplicative, se non, come dice il nome, esplicazioni di altre norme date? Esse quindi non sono massime per sè stanti, ma si connetono necessariamente con quelle: o che si considerino come loro *parte* (tale è il concetto del Thon ...), o che si rappresentino come loro più specificate *ripetizioni* (tale è il concetto dello Schuppe ...). Ad esse dunque per logica necessità spetta la medesima forza obbligatoria e lo stesso carattere imperativo, che si riconosce in quelle" (Del Vecchio, ob. cit., p. 173).

68. "Circa le così dette norme *negative*, che formerebbero la seconda classe, è facile osservare ch'esse pure contengono un vero e proprio comando: poichè da un lato esse *obbligano a riconoscere abolita*, nelle circostanze indicate, una certa norma precettiva o proibitiva (in tutti o in parte dei suoi effetti) (...); dall'altro, e apppunto per ciò, è sempre agevole, come nota il Thon, convertirle in una di queste (...)" (ob. cit., p. 174).

69. Ob. cit., pp. 175 e ss.

Pernice (...) e Merkel (...), não há uma disposição jurídica expressamente imperativa que não constitua uma permissão, e inversamente não há uma forma permissiva que não inclua um comando (...)".[70]

4. Coação e sanção

4.1 Coação e o Direito. Oswaldo Aranha Bandeira de Mello: normas primárias e secundárias. Retomada do tema

O Direito – conjunto de princípios e normas jurídicas para regular a vida em sociedade – nem sempre é observado pelos homens. Daí a necessidade de uma sanção ao destinatário da norma jurídica.[71]

O Direito sem coação não é Direito. É próprio do sistema normativo a existência de mecanismo pelo qual todos devem obediência às normas legais.

Afirma Oswaldo Aranha Bandeira de Mello:

"Lei sem coerção, porém, é um contra-senso. Toda lei envolve um comando, como regra de Direito, que se impõe, conseqüentemente, aos particulares e ao Estado-poder, que lhe dá força coativa (...).

"É verdade, nem todos os preceitos legais contêm em si imediatamente um comando. Então, a coerção se deve ir buscar no Direito considerado em conjunto, em lugar de no texto isolado.

"Como esclarece Del Vecchio, há normas jurídicas primárias que, por si mesmas, e de modo direto, exprimem um regra obrigatória de ação, e secundárias, que não são autônomas, e, por isso mesmo, o seu caráter coercitivo depende de outras, a que se reportam (cf. *Lezioni di Filosofia del Diritto*, pp. 221-223, 5ª ed., Milano, Dott. A Giuffrè Editore, 1946).

"Uma classe dessas normas secundárias é constituída das abrogatórias ou derrogatórias, que revogam em todo ou em parte outras. O seu caráter sancionador existe com referência a estas últimas. Ainda nessa categoria estão as normas facultativas, cuja sanção está em outra norma que obriga o respeito dos atos jurídicos praticados com fundamento nelas. Afinal, se incluem entre as normas secundá-

---

70. Del Vecchio, ob. cit., p. 177.
71. São conhecidas as palavras de Maquiavel: "(...). E os homens relutam menos em ofender aos que se fazem amar do que aos que se fazem temer, pois o amor

rias os preceitos legais explicativos de outras normas, que contêm definição ou declaração pertinente a normas primárias. Assim, texto legal proíbe venda sem receita médica de entorpecentes e outro define quais são esses medicamentos. Este preceito legal se reporta àquele quanto ao *caráter sancionador*."[72]

4.1.1 A posição de Weida Zancaner

Weida Zancaner, eminente professora da Pontifícia Universidade Católica de São Paulo, não discrepa do que se vem estudando:

"Tal como a Moral, o Direito visa à obtenção de um determinado comportamento com relação a um grupo de pessoas. O que diferencia um do outro é justamente a *estrutura coercitiva* organizada de que se reveste o segundo. As normas morais, bem como as sanções em razão da infringência dessas normas, visam a que um indivíduo se comporte de tal ou qual maneira, a dizer, da maneira como, em razão de determinados padrões morais, é considerado desejável em um determinado local e em uma determina época.

"O Direito visa também à obtenção de um comportamento em razão de padrões tidos como desejáveis em um ordenamento jurídico-positivo. Só que, além de ser uma ordem coercitiva institucionalizada, o Direito, ao contrário da moral social, cujas normas surgem informalmente, determina o modo como suas normas são postas e conhecidas, visto ser esta a forma específica pela qual viabiliza sua conservação, isto é, sua perenização."[73]

---

se mantém por um vínculo de obrigação, o qual, mercê da perfídia humana, rompe-se sempre que lhes aprouver, enquanto o medo que se incute é alimentado pelo temor do castigo, sentimento que nunca se abandona (...)" (*O Príncipe*, p. 106). E as de Hans Kelsen: "O estabelecimento de sanções se dá em aplicação do *princípio de retribuição*, decisivo para o convívio social. Pode ser formulado: se um membro da comunidade conduz-se de uma maneira que lesa os interesses da comunidade, deve ser punido, isto é, deve ser-lhe causado um mal. Se se conduz, porém, de uma maneira que fomenta os interesses da comunidade, deve ser recompensado, isto é, deve ser-lhe causado um bem. No princípio retributivo expressa-se o princípio da justiça da igualdade: igual por igual, bem por bem, mal por mal. Como o princípio de Talião: olho por olho, dente por dente" (*Teoria Geral* ..., cit., p. 173).
72. *Princípios Gerais de Direito Administrativo*, 1ª ed., v. I, p. 222 (grifo nosso).
73. *Da Convalidação e da Invalidação dos Atos Administrativos*, 2ª ed., 3ª tir., pp. 33-34 (grifo nosso).

4.1.2 Ordens coativas e sanções: Hans Kelsen

Hans Kelsen, conforme frisamos, alude à existência de normas não-autônomas no ordenamento jurídico, notadamente normas mesmo supérfluas do ponto de vista da técnica legislativa.[74] E também verificamos serem, para alguns, o Direito, a coação e o Estado elementos indissoluvelmente ligados.[75]

Aliás, para Kelsen "as ordens sociais a que chamamos Direito são ordens coativas da conduta humana".[76] *Coativas* porque "exigem uma determinada conduta humana na medida em que ligam à conduta oposta um ato de coerção dirigido à pessoa que assim se conduz (ou aos seus familiares) (...)".[77]

Esclarece o mestre de Viena: "Na medida em que o ato de coerção estatuído pela ordem jurídica surge como reação contra a conduta de um indivíduo pela mesma ordem jurídica especificada, *esse ato coativo tem o caráter de uma sanção* e a conduta humana contra a qual ele é dirigido tem o caráter de uma conduta proibida, antijurídica, de um ato ilícito ou delito (...). Dizer que o Direito é uma ordem coativa não significa – como às vezes se afirma – que pertença à essência do Direito 'forçar' (obter à força) a conduta conforme ao Direito, prescrita pela ordem jurídica. Esta conduta não é conseguida à força através da efetivação do ato coativo, pois o ato de coação deve precisamente ser efetivado quando se verifique não a conduta prescrita, mas a conduta proibida, a conduta que é contrária ao Direito. Precisamente para este caso é que é estatuído o ato coativo, que funciona como sanção".[78]

4.2 A sanção: Oswaldo Aranha Bandeira de Mello

A sanção é inerente à ordem jurídica. Oswaldo Aranha Bandeira de Mello acentua: "Aí está a justiça geral, informada pela lei ou afirmada pelo costume, com *caráter sancionador*, e que enfeixa, em forma normativa, o que é devido a cada um como parte do Estado-

---

74. *Teoria Pura* ..., cit., p. 61.
75. Cf. Bobbio, ob. cit., p. 153.
76. *Teoria Pura* ..., cit., p. 36.
77. Idem, ibidem.
78. Kelsen, *Teoria Pura* ..., cit., p. 38 (grifos nossos). V. também o que o autor expõe na sua *Teoria Geral* ..., cot., pp. 181-182.

sociedade, isto é, os direitos e as obrigações em abstrato que devem ser reconhecidos e impostos a cada qual, para que os seus semelhantes possam ter o devido numa vida em comum, na conformidade com a dignidade da sua natureza humana, individual e social, e, também, reconhecida e imposta ao Estado-poder".[79]

4.2.1 A estrutura da norma e a sanção

Na verdade, mais não precisaríamos acrescentar ao que foi exposto no tópico anterior, apoiados nos autores cujas obras citadas vêm ao encontro do que estamos analisando. Contudo, devemos acrescentar, ainda, parte da brilhante exposição de Celso Antônio Bandeira de Mello no III Curso de Especialização em Direito Tributário, sob a coordenação do saudoso jurista Geraldo Ataliba.[80]

Entende o professor o Direito como o conjunto de princípios e normas que regulam, coercitivamente, a vida social. É um sistema de normas, um todo orgânico que regula, com coerção, a vida das pessoas.

Seguindo a concepção kelseniana[81] explica o professor da Pontifícia Universidade Católica de São Paulo a distinção entre o mundo fenomênico, ou natural, e o mundo normativo. O primeiro rege-se por relação de causa e efeito – ou seja, a uma causa há de corresponder um certo e determinado efeito. Tais relações não são criadas pelo Estado, apenas descobertas pelos homens. Por exemplo, se alguém solta um objeto no espaço, em face da gravidade, ele será atraído pela Terra.

No mundo normativo há uma estipulação feita e estabelecida pelos homens. A um determinado antecedente o homem relaciona um determinado conseqüente, que é uma conseqüência, e não um efeito do antecedente, dada a liberdade na elaboração da relação. Esse mundo normativo não é composto apenas de regras jurídicas. Também constituem-no as normas religiosas, as normas morais, as regras éticas etc. No entanto, todas têm uma estrutura comum peculiar: uma *hipótese*, um *mandamento* e uma *sanção*. A *hipótese* é a previsão de uma situação abstrata (antecedente); o *mandamento* é o comando contido na norma (dar, fazer, não fazer, suportar) – comando, este,

---

79. Ob. cit., v. I, p. 182 (grifo nosso).
80. *Elementos* ..., cit., "Introdução", pp. 2-11.
81. O sempre citado autor austríaco distingue a Ciência Natural da Ciência do Direito: "Na proposição, na qual a Ciência Natural descreve o nexo que existe entre

que se refere aos destinatários da norma; a *sanção* é a previsão de uma conseqüência para quem violar o mandamento. O que identifica e especifica as norma jurídicas dos demais tipos de normas é a "possibilidade de coação". "Este traço, esta característica, identifica a norma jurídica em relação às demais (...)."[82]

4.3 Coercibilidade. Seus vários sentidos

O sentido da coercibilidade do Direito repousa na "possibilidade do Poder Público intervir, com a força, em defesa do direito ameaçado, ou violado, a fim de manter, efetivamente, a vida em comum, na sociedade".[83] Trata-se da "plena compatibilidade entre o Direito e a força".[84]

A coerção, assim conceituada, manifesta-se, principalmente, de dois modos. Vamos seguir, no passo, o que diz Vicente Ráo:

"1. *Por modo potencial*: como *poder de coerção*, ou possibilidade de se invocar o uso da força: a) para amparar o direito ameaçado; b) restaurar o direito violado; c) reparar ou punir as conseqüências da violação.

---

calor e dilatação de um corpo metálico, 'se um corpo metálico é aquecido, ele se dilatará', a ligação de condição e conseqüência é a de causa e efeito; representa uma ligação causal; a necessidade de nexo é um *ter de* (...). Se a Ética descreve uma norma geral na proposição 'se alguém está na miséria deve-se socorrê-lo', ou a Ciência do Direito descreve uma norma jurídica geral na proposição 'se alguém recebeu um empréstimo deve pagá-lo', então a ligação de condição e conseqüência não tem abertamente o caráter de uma necessidade causal. Ela se expressa por um 'dever-ser', e não por um 'ter de'. É uma necessidade *normativa*, e não uma necessidade *causal*. É possível que alguém esteja em necessidade e não seja auxiliado, que alguém receba um empréstimo e não o salde" (Kelsen, *Teoria Geral* ..., cit., p. 29).
82. Grifos nossos. Aduz Kelsen: "O Direito é essencialmente ordem de coação. Prescreve uma certa conduta de modo que, como conseqüência, liga um ato de coação à conduta contrária do ser-devido (...). A Moral diferencia-se do Direito pelo fato de que a reação por aquela prescrita, suas sanções, não têm como as do Direito o caráter de atos de coação, quer dizer: como a sanção do Direito, não são executáveis com o emprego da força física, quando elas enfrentam a resistência, e porque as sanções da Moral não são como as do Direito, não representam apenas reações a uma conduta contrária à norma, como também reações a uma conduta conforme à norma. Assim como a conduta contrária à Moral deve ser desaprovada pelos membros da coletividade, a conduta conforme à Moral deve ser por eles aprovada através de ato de louvor, divulgação da honra e outros atos semelhantes (...)" (*Teoria Geral* ..., cit., pp. 30-31).
83. Vicente Ráo, ob. cit., p. 54.
84. Miguel Reale, *Lições Preliminares de Direito*, 14ª ed., p. 47.

"2. *Por modo atual*: mediante o emprego da força, para os mesmos fins acima, inclusive para assegurar o cumprimento das penas ou das reparações em caso de violação consumada.

"As medidas efetivas de coerção também por dois modos se praticam, isto é, por ação indireta e por ação direta.

"1. *Por ação indireta*: pelos seguintes atos, entre outros: a) polícia preventiva de defesa da ordem pública e da segurança individual; b) polícia administrativa (licença, fiscalização etc.); c) medidas judiciais preventivas, desacompanhadas de atos materiais de coerção, como o *protesto*, a *interpelação judicial*, a *caução*, o *direito de retenção* e outras; d) a cominação das penas civis de nulidade ou a anulação dos atos ou negócios jurídicos, ou de responsabilidade por perdas e danos, conseqüências, estas, que, consideradas em si, se caracterizam como *sanções*, mas não excluem, em caso de não serem cumpridas, a intervenção da força coativa.

"2. *Por ação direta*: a) sobre as pessoas, como as medidas de segurança, a detenção, a prisão, a apreensão de menores, a incorporação às Forças Armadas etc.; b) sobre os bens, como a apreensão dos instrumentos do crime, dos objetos roubados ou furtados, o seqüestro, o arresto, o depósito judicial, as desapropriações por necessidade ou utilidade pública, as requisições militares, o cumprimento forçado das obrigações de dar ou restituir, a retomada de bens para restaurar a posse ou a retomada dos bens reivindicados, a penhora e a venda forçada; c) a execução das medidas administrativas, que podem recair sobre pessoas ou coisas."[85]

Alude o autor às objeções feitas por alguns doutrinadores quanto à coercibilidade do Direito: "(...) se afiguram inaceitáveis, por não ser possível conceber-se nem a manutenção efetiva da ordem social, nem o respeito dos direitos, sem a possibilidade, ou a efetividade, da coerção".[86]

4.4 Hans Kelsen: a coação como objeto das normas jurídicas

Como copiosamente mencionamos, Kelsen faz da *coação* elemento integrante da norma jurídica. Sua concepção é a de que o Direito é uma ordem coativa, um ato de coação, isto é, um "mal que

85. Ob. cit., p. 199.
86. Ob. cit., p. 198.

é aplicado ao destinatário mesmo contra sua vontade, se necessário empregando até a força física – coativamente, portanto".[87] A coação, nesse sentido, é objeto das normas jurídicas, e não simples meio pelo qual se fazem valer as normas jurídicas.[88]

O critério decisivo – diz o autor – para a distinção do Direito de outras ordens sociais é a "circunstância de que o ato estatuído pela ordem como conseqüência de uma situação de fato considerada socialmente prejudicial deve ser executado mesmo contra a vontade da pessoa atingida e – em caso de resistência – mediante o emprego da força física".[89]

4.5 Sanção e coação: Carnelutti

Para Carnelutti a *coação* é "a força empregada contra o homem para vencer a resistência".[90] Para ele, a fim de atuar a sanção, o Direito precisa da força: "sem esta, nem se apreende ao ladrão o objeto roubado, nem se leva para a prisão".[91]

4.6 Coercibilidade, sanção e coação

4.6.1 Vallado Berrón

Vallado Berrón tem assim conceituado tais institutos jurídicos, parecendo-nos quem mais se aproximou da distinção dos termos: "En efecto, la coercibilidad es aquella nota lógica o característica de la norma de Derecho, consistente en que el precepto enlaza una sanción a la realización de un determinado supuesto. La sanción es la consecuencia de derecho o efecto jurídico, que puede ser interpretado como una reacción de la comunidad política en relación con el autor del supuesto. Y coacción es la ejecución forzada de la sanción, respecto del realizador del acto antijurídico, del autor del supuesto, cuando la misma no se cumple voluntariamente por este".[92]

---

87. *Teoria Pura* ..., cit., p. 35.
88. Para alguns a força está sempre presente no Direito; para outros ela seria apenas potencial.
89. *Teoria Pura* ..., cit., p. 37.
90. Ob. cit., p. 117.
91. Carnelutti, ibidem.
92. *Teoría General del Derecho*, p. 96, *apud* Paulo de Barros Carvalho, *Teoria da Norma Tributária*, p. 32. Régis Oliveira, do mesmo modo, aproxima-se de tais

4.6.2 Vicente Ráo

Ou, ainda, nas palavras de Vicente Ráo, citando Allara (*Le Nozioni Fondamentali del Diritto Civile*, v. I, p. 8): "Coerção e sanção são conceitos que não se confundem; a coerção é sanção, mas a sanção nem sempre é coerção, caracterizando-se, simplesmente, como conseqüência do não-cumprimento da norma jurídica. Incide na sanção de perdas e danos quem não cumpre o contrato, segundo o modo ajustado, mas esta incidência, considerada em si mesma, apenas cria ou acresce a responsabilidade do inadimplente, só intervindo a coerção, potencialmente ou efetivamente, em não sendo solvida esta nova obrigação imposta pela lei".[93]

4.6.3 Franco Montoro

O saudoso professor André Franco Montoro explica sanção, coação e coerção: a primeira é "a conseqüência jurídica que atinge o sujeito passivo pelo não-cumprimento da sua prestação"; "é uma 'conseqüência'. Pressupõe um 'dever', que não foi cumprido".[94]

Quanto à coação, ensina: "(...) 'é a aplicação forçada da sanção'. No caso do não-cumprimento de um contrato, a 'sanção' mais freqüente é a multa contratual. Se a parte culpada se recusar a pagá-la, pode ser obrigada a fazê-lo por via judicial, que pode chegar à penhora de seus bens: é a coação".[95]

Especificamente quanto à coerção, finaliza:

"Na imensa maioria dos casos, a sanção atua apenas psicologicamente como possibilidade ou ameaça. A coação como execução forçada só se realiza excepcionalmente. Podemos dizer que a coação é um meio empregado em última instância, quando a lei foi desrespeitada.

"A essa influência psicológica da sanção, que leva as partes a cumprir a obrigação para evitar os aspectos aflitivos da execução forçada, muitos autores denominam coerção" (e, em nota de rodapé: "'Coerção é fenômeno psicossocial decorrente da antecipação, pelo

---

conceitos: "Não se pode confundir *sanção* com *coação*. Esta constitui a aplicação forçada da sanção. É a compulsão material do comando" (*Infrações e Sanções Administrativas*, p. 3).
93. Ob. cit., p. 200.
94. *Introdução*..., cit., p. 468.
95. Franco Montoro, ibidem.

indivíduo, dos efeitos aflitivos da sanção' – Machado Neto, *Compêndio de Introdução à Ciência do Direito*, p. 256").[96]

4.7 Conceito de sanção

Como se vê, a doutrina não tem tido uniformidade, havendo, inclusive, quem se utilize dos termos coatividade ou coercibilidade, impositividade inexorável ou inexorabilidade, como faz Recaséns Siches.[97] Logo, as expressões "coerção" ou "coação", indistintamente, são utilizadas pela doutrina para designar a nota característica da norma jurídica, ou seja, a possibilidade de utilização da força, nas diversas formas de manifestação.[98]

No tocante à sanção, deve ser *institucionalizada*, isto é, "desde que quem a aplica tenha competência para tanto, mediante procedimento próprio".[99]

Assim, podemos conceituá-la do seguinte modo: *é a conseqüência, institucional, a reação da ordem jurídica, dirigida ao destinatário da norma ante o fato de não ter cumprido seu mandamento.*[100]

---

96. Franco Montoro, ob. cit., p. 469.
97. *Introducción al Estudio del Derecho*, p. 122, *apud* Paulo de Barros Carvalho, ob. cit., p. 32.
98. Kelsen distingue duas espécies de "coação": *sanções*, "atos de coerção que são estatuídos contra uma ação ou omissão determinada pela ordem jurídica, como, por exemplo, a pena de prisão prevista para o furto (...)"; *coação*, "[*atos*] que não têm este caráter [*o das sanções*], como, por exemplo, o internamento compulsório de indivíduos atacados por uma doença perigosa ou que são considerados perigosos por causa da sua raça, das suas convicções políticas ou do seu credo religioso, ou ainda a aniquilação ou privação compulsória da propriedade no interesse público. Nestas últimas hipóteses, entre os pressupostos do ato da coerção estatuído pela ordem jurídica não se encontra qualquer ação ou omissão de determinado indivíduo especificada pela mesma ordem jurídica" (*Teoria Pura* ..., cit., p. 121).
99. Régis Fernandes de Oliveira, ob. cit., p. 3.
100. Acolhemos o conceito elaborado por Celso Antônio Bandeira de Mello (in Geraldo Ataliba (coord.), *Elementos* ..., cit., p. 4): "A sanção é a previsão de uma conseqüência desfavorável para quem transgredir, infringir ou violar mandamento estatuído (...)".

II
OS PRINCÍPIOS
DO DIREITO ADMINISTRATIVO[1]

1. Conceito: 1.1 Noção de princípio; 1.2 Violação dos princípios. Conseqüências. 2. Princípios norteadores do direito administrativo: 2.1 Os princípios no direito administrativo 2.2 O princípio da supremacia do interesse público sobre o interesse privado: 2.2.1 Concepção de interesse público: Celso Antônio Bandeira de Mello e Lucia Valle Figueiredo; 2.2.2 Função pública. Celso Antônio Bandeira de Mello; 2.2.3 Direito privado e direito público; 2.2.4 Interesse público primário e secundário. Retomada do tema; 2.2.5 A sanção administrativa como decorrência do princípio; 2.2.6 Desvio de finalidade; 2.2.7 Posição do órgão administrativo frente aos particulares; 2.2.8 A autotutela; 2.2.9 Atributos dos atos administrativos; 2.3 A indisponibilidade dos interesses públicos pela Administração: 2.3.1 Justificação; 2.3.2 Exemplos; 2.3.3 Continuidade do serviço público. Sanção; 2.3.4 Renúncia de poderes; 2.3.5 Princípios decorrentes; 2.3.6 Controle jurisdicional dos atos administrativos; 2.3.7 Princípio da moralidade administrativa; 2.3.8 Princípio da eficiência; 2.3.9 Princípio da segurança jurídica; 2.3.10 Princípios do devido processo legal e da ampla defesa.

1. Conceito

1.1 Noção de princípio

Princípio é o alicerce do Direito; sem ele a norma padeceria de falta de sustentação lógica. Seria o mesmo que os pés ou as mãos separadas do corpo, ausentes de finalidade. A norma, por si só, sem

---

1. Para maiores esclarecimentos sobre "princípios constitucionais", v. Ruy Samuel Spíndola, *Conceitos de Princípios Constitucionais*, São Paulo, Ed. RT, 1999.

os princípios que a inspiraram, seria como um homem sem cabeça, sem cérebro, sem pensamento. Um comando, porém ausente de dados, como um objeto sem sustentação. Vemos as normas jurídicas no ordenamento, no qual todas elas se inter-relacionam, e todas têm um alicerce comum, um apoio além do qual não poderão interagir.

O princípio é o Sol que se irradia sobre os diversos compartimentos de uma casa. Sem o Sol a casa torna-se escura, feia, deteriora-se com o passar do tempo. Sua utilização torna-se pouco proveitosa ao homem.

Assim são os princípios. Irradiam-se por todo o ordenamento jurídico-positivo, conformam todas as disposições normativas; dão realce e lucidez às normas do sistema. Se as regras não forem aplicadas de acordo com os princípios insculpidos no ordenamento jurídico, teremos um emaranhado delas sem conexão alguma, em virtude do quê o tecido do sistema carecerá de solidez, de sustentação.

Princípio, portanto, é, na feliz expressão de Celso Antônio Bandeira de Mello, "mandamento nuclear de um sistema, verdadeiro alicerce dele, disposição fundamental que se irradia sobre diferentes normas, compondo-lhes o espírito e servindo de critério para sua exata compreensão e inteligência, exatamente por definir a lógica e a racionalidade do sistema normativo, no que lhe confere a tônica e lhe dá sentido harmônico".[2]

1.2 Violação dos princípios. Conseqüências

Os princípios servem de norte a todo o ordenamento jurídico, razão por que sua violação é muito mais grave do que a da norma: "As normas-princípio, além de conformarem as demais disposições constitucionais (regras, normas), irradiando-se, em razão de sua abstração e generalidade, por todo o plexo de normas, não podem ser desatendidas, pois sua violação é muito mais grave do que a da norma, em face de caracterizar 'insurgência contra todo o sistema, subversão dos seus valores fundamentais, contumélia irremissível a seu arcabouço lógico e corrosão de sua estrutura mestra'".[3]

---

2. Celso Antônio Bandeira de Mello, *Curso de Direito Administrativo*, 13ª ed., pp. 771-772.
3. Heraldo Garcia Vitta, *O Meio Ambiente e a Ação Popular*, p. 13, (com citação de Celso Antônio Bandeira de Mello, "Eficácia das normas jurídicas sobre justi-

2. Princípios norteadores do direito administrativo

2.1 Os princípios no direito administrativo

Como o objeto de nosso estudo é o direito administrativo, para que ele seja reconhecido como matéria autônoma tornam-se imprescindíveis "princípios que lhe são peculiares e que guardem entre si uma relação lógica de coerência e unidade compondo um sistema ou regime: o regime jurídico-administrativo".[4] De maneira que temos que considerar os princípios básicos que conformam o direito administrativo, "como se relacionam entre si e quais os subprincípios que deles derivam".[5] Tais princípios são, segundo ensina Celso Antônio Bandeira de Mello, a supremacia do interesse público sobre o privado e a indisponibilidade, pela Administração, dos interesses públicos.[6]

Logo, vamos nos ater um pouco nas considerações gerais do tema.

2.2 O princípio da supremacia do interesse público sobre o interesse privado

2.2.1 Concepção de interesse público: Celso Antônio Bandeira de Mello e Lucia Valle Figueiredo

Antes de termos noção segura do referido princípio, e justamente para chegarmos a ele, devemos mostrar, ao menos perfunctoriamente, em face dos limites próprios deste trabalho, o que é *interesse público*.

A primeira idéia que vem à mente das pessoas é o interesse geral, coletivo, da sociedade, prevalecente num dado espaço e tempo. A expressão "interesse público" reflete a opinião média da comunidade num dado momento histórico.

Convém que distingamos expressão mediante critérios jurídicos; mas igualmente façamos a distinção entre *interesse público* e *fim público*. Nesse sentido, com argúcia, elucida Lucia Valle Figueiredo: "*Interesse público*, dentro de determinado ordenamento jurídico-posi-

---
ça social", RDP 57-58/232. Cf., também, Celso Antônio Bandeira de Mello, *Curso* ..., cit., p. 772).
4. Celso Antônio Bandeira de Mello, *Curso* ..., cit., p. 25.
5. Idem, ibidem.
6. Ob. cit., p. 27.

tivo, é aquele a que a Constituição e a lei deram tratamento especial; *fins públicos* são aqueles que o ordenamento assinalou como metas a serem perseguidas pelo Estado, de maneira especial, dentro do regime jurídico de direito público. E, conseqüentemente, é dever da Administração persegui-los. É o poder-dever de que fala Renato Alessi, ou dever-poder como refere Celso Antônio".[7]

Assinala, ainda, a insigne jurista a explicação de Bartolomé Fiorini (*Teoría Jurídica del Acto Administrativo*, Buenos Aires, 1969, p. 72), segundo a qual "o fim público expressa o conceito teleológico de atividade pública, o interesse público refere-se a seu conteúdo e objeto".[8]

Especificamente quanto ao interesse público, acentua a autora: "(...) aquele interesse que deve ser curado com prevalência e, para tanto, com a outorga de titularidade de poder à Administração, e cujo conteúdo reflete prerrogativas especiais".[9]

Celso Antônio Bandeira de Mello, no seu *Curso*,[10] incluiu o tema "interesse público", dando-lhe contornos irrepreensíveis, e chegando a conclusões com base nas quais o administrado terá condições de melhor se proteger contra sua violação.

Com tal finalidade, dividiu o conceito de interesse público em duas vertentes: o da estrutura do conceito (pela qual responde a uma categoria lógico-jurídica) e o da individuação dos múltiplos interesses públicos (com a qual responde a conceitos jurídico-positivos). As duas ordens conceituais, lógico-jurídica e jurídico-positiva, basearam-se nos ensinamentos de Juan Manoel Teran (*Filosofía del Derecho*, 14ª ed., México, Editorial Porrúa, 1998, pp. 82-83): "'(...) la validez de un concepto jurídico-positivo está sujeta a la vigencia del derecho mismo en que se apoya. En cambio, cuando se formula un concepto lógico que sirve de base para la conceptuación jurídico-positiva, esa noción se formula con pretensión de validez universal. (...). En conclusión: uno es el plano de los conceptos jurídico-positivos y otro el plano de las nociones o fundamentos lógico-jurídicos. Los conceptos jurídico-positivos tienen un ángulo equivalente al de la positividad del derecho concreto que los ha comprendido e implan-

---

7. *Curso de Direito Administrativo*, 5ª ed., p. 35.
8. Lucia Valle Figueiredo, ob. cit., p. 36.
9. Idem, p. 37.
10. Ob. cit., pp. 57-66.

tado, en tanto que los fundamentos lógicos pretenden tener una validez común y universal para todo sistema jurídico y, por lo tanto, para toda conceptuación jurídica. (...) Por otra parte, los conceptos jurídico-positivos son calificados como nociones *a posteriori*; es decir, se obtienen una vez que se sienta la experiencia del derecho positivo, de cuya comprensión se trata; en tanto que los otros conceptos, los lógico-jurídicos son calificados como conceptos *a priori*; es decir con validez constante y permanente, independiente de las variaciones del derecho positivo'".[11]

De acordo com Celso Antônio, sob o primeiro aspecto, não há antagonismo entre o interesse individual, das partes, e o interesse público; pois este é "'função' qualificada dos interesses das partes" – vale dizer, o interesse público é apenas uma faceta do interesse das partes; ou a dimensão pública dos interesses individuais, porque ele não é constituído autonomamente do interesse das partes.

Com efeito, segundo o professor, não pode haver um interesse público que seja discordante do interesse de cada um dos membros da sociedade, embora seja claro que possa haver um interesse público contrário a um dado interesse individual.

Assim, exemplifica com o fato de o indivíduo ter interesse em não ser desapropriado, apesar de tê-lo especificamente na existência do instituto (desapropriação), em face dos benefícios sociais que dele decorrem, como a construção de escolas, ruas, praças etc. As mesmas observações podem ser feitas quanto à *existência de multas e outras sanções por violação de regras que visam ao bem-estar geral*.

E arremata:

"Então, dito interesse, o público – e esta já é uma primeira conclusão –, *só se justifica na medida em que se constitui em veículo de realização dos interesses das partes que o integram no presente e das*

---

11. Celso Antônio Bandeira de Mello, ob. cit., pp. 65-66, nota 9. Acrescentamos, apenas para ilustrar, o pensamento de Immanuel Kant; foi ele quem distinguiu as duas formas de conhecimento: "No que se segue, portanto conhecimentos *a priori* entenderemos não os que ocorrem de modo independente desta ou daquela experiência, mas *absolutamente* independente de toda experiência. A eles são contrapostos ou aqueles que são possíveis apenas *a posteriori*, isto é, por experiência. Dos conhecimentos *a priori* denominam-se puros aqueles aos quais nada de empírico está mesclado. Assim, por exemplo, a proposição 'cada mudança tem sua causa' é uma proposição *a priori*, só que não pura, pois 'mudança' é um conceito que só pode ser tirado da experiência" (*Crítica da Razão Pura*, p. 54).

que o integrarão no futuro. Logo, é destes que, em última instância, promanam os interesses chamados públicos.

"*Donde, o interesse público deve ser conceituado como o interesse resultante do conjunto dos interesses que os indivíduos pessoalmente têm quando considerados em sua qualidade de membros da sociedade e pelo simples fato de o serem*.".[12]

Quanto à segunda dimensão, que não se confunde com a primeira, pois constitui a "inclusão e o próprio delineamento, no sistema normativo, de tal ou qual interesse que, *perante este mesmo sistema, será reconhecido como dispondo desta qualidade*",[13] o autor aponta ser interesse público aquele qualificado como tal no sistema normativo: quem o qualifica é a Constituição; depois, o Estado, por meio do Poder Legislativo; e os órgãos administrativos, nos casos de discricionariedade.

Assim também pensa Lucia Figueiredo:

"Sobremais disso, é de relevo notar, como também o fez Fiorini, que *o interesse público sofre recondicionamentos*. Portanto, devemos alijar, como intérpretes do Direito, qualquer conceito metajurídico, ou mesmo pré-jurídico, para alcance do significado da expressão.

"A única fonte do direito positivo só pode ser o próprio Direito. Somente a análise exaustiva do ordenamento fará aflorar quais os interesses públicos que devam ser perseguidos pela Administração, bem como seus graus, o que dará a nota da subsunção a este ou àquele regime jurídico."[14]

2.2.2 Função pública. Celso Antônio Bandeira de Mello

O direito administrativo é o conjunto de princípios e normas que regulam a organização estatal e a relação jurídica entre o Estado e os

---

12. *Curso* ..., cit., p. 59.
13. Celso Antônio Bandeira de Mello, *Curso* ..., cit., p. 66.
14. Ob. cit., p. 37. Explica a autora: "Afirma Fiorini que a cada interesse público (ainda que jurídico-positivo) não vai corresponder, necessariamente, o mesmo regime jurídico. Quanto à prevalência de um sobre o outro, somente a interpretação, feita à luz de instituto determinado, de seu regime jurídico e do próprio sistema poderá determinar. Por conseguinte, será a interpretação sistemática, a partir da principiologia, o vetor fundamental" (ibidem).

particulares. Como faz parte do direito público, o ponto nodal está no exercício da função por parte de seus agentes;[15] exerce função quem maneja interesses de outrem – e não em benefício próprio –, portanto em consideração ao *dever* estabelecido na lei. Em outras palavras, o agente público tem sua competência plasmada na lei para o exercício de uma função, a qual corresponde a um dever, pois manejada em benefício de outrem.

Anota o citado jurista Celso Antônio Bandeira de Mello: "Existe função quando alguém está investido no *dever* de satisfazer dadas finalidades em prol do *interesse de outrem*, necessitando, para tanto, manejar os poderes requeridos para supri-las. Logo, tais poderes são *instrumentais* ao alcance das sobreditas finalidades. Sem eles, o sujeito investido na função não teria como desincumbir-se do *dever* posto a seu cargo. Donde, quem os titulariza maneja, na verdade, 'deveres-poderes', no *interesse alheio*".[16]

2.2.3 Direito privado e direito público

Com efeito, enquanto no direito privado é a autonomia da vontade a fonte da qual emanam normas jurídicas, sem prejuízo das normas editadas pelo Estado, sobretudo algumas de caráter público, como as de direito de família, no direito administrativo prevalecem – como anota Osvaldo Aranha Bandeira de Mello – "processos técnicos de imposição autoritária da sua [*estatal*] vontade".[17]

Acentua o Mestre: "A manifestação da vontade do Estado, internamente, se faz, de regra, de forma unilateral, tendo em vista o interesse estatal, como expressão do interesse do todo social, em contraposição à outra pessoa por ela atingida ou com ela relacionada. E,

---

15. Em prol da praticidade, deixaremos de nos ocupar a respeito do tema *função administrativa*. Mas ela tem capital importância no direito administrativo, pois o ato administrativo é realizado no exercício dela. Ensaiamos pequeno estudo sobre a função administrativa, donde extraímos suas características essenciais: "é a realizada pelo órgão executivo, dependente e hierárquico; logo, baseado numa hierarquia de funções; mas também é a realizada pelos órgãos legislativo e judiciário, quando estes não estejam em suas tarefas normais, suas competências próprias; os atos editados no exercício da função administrativa são sindicáveis pelo órgão judicial, pois não têm caráter de definitividade; tais atos são subordinados à lei" (*RDA* 218/122).
16. *Curso* ..., cit., p. 32.
17. *Princípios Gerais de Direito Administrativo*, 1ª ed., v. I, p. 25.

mesmo quando as situações jurídicas se formam acaso por acordo, entre partes de posição hierárquica diferente, isto é, entre o Estado e outras entidades políticas menores ou entre eles e os particulares, o regime jurídico, a que se sujeitam estas e estes, em conseqüência, é de caráter estatutário".[18] Especificamente quanto ao direito privado a autonomia da vontade realiza-se em face da igualdade existente entre as partes da relação jurídica, o mesmo não ocorrendo com o Estado, o qual, no mais das vezes, encontra-se numa posição jurídica superior à da outra parte da relação. Ainda quando o Poder Público realiza atos jurídicos em igualdade com os particulares, como uma compra e venda de determinado imóvel, submete-se a algumas normas de direito público, como a necessária licitação e a prestação de contas ao Tribunal de Contas competente.

2.2.3.1 Justificação – A justificação dessa diferença repousa no fato de que "as normas de direito público, embora possam ter por objeto matéria patrimonial, são alheias aos intuitos especulativos, às preocupações de lucro".[19] Não faz sentido a existência de Estado voltado para a obtenção de recursos financeiros, apenas para satisfazer o aparato administrativo. O Estado, nesta qualidade, isto é, agindo como os demais particulares, como pessoa jurídica, não busca interesses públicos, mas interesses individuais.

2.2.4 Interesse público primário e secundário.
Retomada do tema

A doutrina italiana alude à distinção entre o interesse público primário e o interesse público secundário. Este se refere ao fato de a Administração buscar resultados satisfatórios a ela, como entidade corporativa, na condição de ente administrativo, dotado de personalidade jurídica, como aparelho estatal. Já o interesse público primário tem por escopo o bem-estar social, a busca do interesse público, que é o da sociedade, o do povo.

Expõe Alessi: "Cada coletividade social nos oferece uma imensa rede de interesses, em várias relações entre eles; interesses

18. Oswaldo Aranha Bandeira de Mello, ob. cit., v. I, p. 25.
19. Osvaldo Aranha Bandeira de Mello, ob. cit., v. I, p. 27.

coincidentes entre eles e interesses em conflito entre eles. Cada interesse, enquanto expressão de um indivíduo, é sempre necessariamente individual; mas, quando um mesmo interesse seja próprio de uma coletividade mais ou menos ampla de indivíduos, o mesmo interesse torna-se coletivo, enquanto expressão de todos os indivíduos da coletividade, expressão unitária de uma multiplicidade de interesses individuais coincidentes (Piccardi). A organização jurídica da coletividade representa o prevalecer de uma determinada série de interesses coletivos sobre cada outro interesse, individual ou coletivo, existente no seio da coletividade mesma, que esteja em contraste com aquele: o complexo de interesses coletivos prevalecentes é chamado, com uma fórmula sintética, interesse *coletivo primário* (Piccardi). Este interesse coletivo primário, por ser a expressão unitária dos múltiplos interesses individuais coincidentes próprios a cada particular sujeito jurídico (indivíduo ou ente jurídico) membro da coletividade, se distingue idealmente do interesse individual de cada sujeito particular, que pode com ele coincidir ou com ele estar em conflito; estes interesses individuais próprios de cada sujeito particular membro da coletividade são denominados interesses *secundários*: interesses, portanto, *subjetivos*, enquanto próprios do sujeito particular, ou ainda, no sentido mais lato, *patrimoniais* (...). A satisfação do interesse coletivo primário se obtém ou com uma tutela direta, independentemente dos interesses secundários com ela eventualmente coincidentes, ou indiretamente, vale dizer, exatamente mediante a satisfação dos interesses secundários coincidentes com o interesse coletivo primário. O interesse assim chamado *público* não é outro senão o interesse coletivo primário, considerado como objeto da própria tutela de ação administrativa, enquanto o interesse da Administração, enquanto aparato, não representa senão um dos interesses secundários existentes no grupo social".[20]

2.2.4.1 Conseqüências

— Ora, evidentemente, se o Estado age mediante supremacia em face do particular, com as conseqüências transcritas, em virtude mesmo da lei de competência que lhe inculca deveres-poderes, o fim especulativo ou de mero interesse do aparelho estatal não se coaduna, por exemplo, com os princípios norteadores

---

20. *Principi di Diritto Amministrativo*, v. I, Título II, Capítulo I, p. 226, nota 3.

de nossa Constituição Federal, por conta das disposições contidas nos arts. 1º e 3º.²¹

O Estado deve buscar, sempre, a vontade popular, em face do ordenamento jurídico, o fim da lei, especialmente o da norma constitucional. A posição de superioridade do Estado existe para o cumprimento de seu dever, estabelecido normativamente: o de prever e prover as necessidades de seu povo. Portanto, o Estado poderá defender seu interesse particular somente quando coincidir com o interesse público e não se chocar com ele.

Precisamos, porém, fazer algumas ressalvas. Cuidando-se, por exemplo, de ilícitos tributários em sentido amplo, ou seja, o não-pagamento de tributo no prazo legal, aplica-se multa moratória, a qual nada mais é do que um ressarcimento ao Estado em conseqüência da inadimplência do contribuinte; trata-se de sanção, porém de natureza ressarcitória, com vistas a satisfazer as despesas com que o Estado teve que arcar pelo atraso no pagamento da obrigação tributária. No direito tributário as normas são elaboradas visando ao interesse público secundário, ou seja, à arrecadação de dinheiro necessário à mantença do aparelho estatal. Sendo assim, a multa moratória, que não é sanção repressiva, porém ressarcitória, de caráter civil (diferentemente das sanções propriamente ditas– as repressivas –, mesmo tributárias), tem em mira a satisfação do interesse público secundário; enquanto as repressivas, ao contrário, visam a

---

21. "Art.1º. A República Federativa do Brasil, formada pela união indissolúvel dos Estados e Municípios e do Distrito Federal, constitui-se em Estado Democrático de Direito e tem como fundamentos:
"I – a soberania;
"II – a cidadania;
"III – a dignidade da pessoa humana;
"IV – os valores sociais do trabalho e da livre iniciativa;
"V – o pluralismo político.
"Parágrafo único. Todo o poder emana do povo, que o exerce por meio de representantes eleitos ou indiretamente, nos termos desta Constituição."
"Art. 3º. Constituem objetivos fundamentais da República Federativa do Brasil:
"I – construir uma sociedade livre, justa e solidária;
"II – garantir o desenvolvimento nacional;
"III – erradicar a pobreza e a marginalização e reduzir as desigualdades sociais e regionais;
"IV – promover o bem de todos, sem preconceitos de origem, raça, sexo, cor, idade e quaisquer outras formas de discriminação."

satisfazer o interesse público primário, à ordem jurídica, ao interesse público.

Com efeito, enaltece o saudoso professor Geraldo Ataliba: "O Estado é pessoa titular de um patrimônio e de interesses patrimoniais; também tem interesses, que não são interesses ideais e abstratos, mas materiais, econômicos, tais como: o de ter e preservar seu patrimônio, o de receber tributos etc. Estes é que são os interesses públicos secundários. As sanções civis, e estas, [*juros e multa moratória*] administrativo-civis (que assim se designam inadequadamente, mas não encontramos terminologia melhor), têm por finalidade atender ao interesse público secundário, ou seja, interesse patrimonial do Estado. Já, no caso de punição, o Estado está defendendo a ordem jurídica, em menor ou maior grau, e, portanto, defendendo interesse público primário, do qual não pode abrir mão".[22]

2.2.5 A sanção administrativa como decorrência do princípio

Se a Administração se encontra numa posição de superioridade em face do particular, poderá tanto "*constituir os privados em obrigações por meio de ato unilateral (...)*" quanto "*modificar, também unilateralmente, relações já estabelecidas*".[23] Isso ocorre, por exemplo, nos concursos públicos para o provimento de cargos, nas licitações e nos contratos administrativos.

Acrescentamos a possibilidade de *aplicar sanções administrativas* aos seus servidores e aos particulares por ela contratados, ou sujeitos à relação específica, especial (supremacia especial); e às pessoas sujeitas ao exercício do poder de polícia (supremacia geral).

Se a Administração constitui os privados em obrigações, de forma unilateral, e pode alterar as relações jurídicas constituídas com os particulares igualmente de maneira unilateral, e se a sanção administrativa decorre do comando, da ordem emanada pela norma legal, como foi visto, de nada valeria a imposição do Poder Público se não pudesse, ele mesmo, infligir uma pena ao transgressor da norma. Isto quer dizer que *a sanção, aplicada pelo Poder Público, decorre do princípio da supremacia do interesse público sobre o do particular*.

---

22. Geraldo Ataliba (coord.), *Elementos de Direito Tributário*, p. 290.
23. Celso Antônio Bandeira de Mello, *Curso* ..., cit., p. 31.

2.2.6 Desvio de finalidade

Outra decorrência do princípio que se vem de estudar refere-se à teoria do *desvio de poder* ou *desvio de finalidade*, segundo a qual o agente público deve agir visando ao interesse público, e não a interesses subalternos, seus ou de outrem. Além do mais, deve atuar visando ao fim específico da lei, segundo a norma legal. No primeiro caso, se o agente público atuar com o fim de proteger ou prejudicar determinadas pessoas cometerá violação ideológica da lei, pois, apesar de cumpri-la no seu aspecto formal, macula-a no seu fim, o interesse público – atingindo, ainda, os princípios da finalidade, da moralidade e da impessoalidade. Na segunda hipótese, na qual o agente público, apesar de cumprir a lei no aspecto formal e seguir determinado fim, não visa ao fim específico da lei – ao revés, pretende outro, diverso do estabelecido pela norma legal –, cometerá também desvio de finalidade. Por exemplo, se o funcionário público estabelecer técnicas para a punição de condutores de veículos que excedam a velocidade permitida (as chamadas *lombadas eletrônicas*), porém visando francamente à arrecadação de dinheiro para os cofres públicos, e não ao exercício do poder de polícia – no caso, prevenção de acidentes –, cometerá desvio de finalidade, ante o fim específico da lei atribuidora de competência.

No ponto, devemos acrescentar ser suficiente à caracterização do desvio de finalidade a não observância objetiva dela, ou seja: basta o agente não ter alcançado o fim legal, independentemente de sua intenção, de sua vontade ter sido dirigida a este ou àquele fim. O elemento subjetivo apenas reforça a ilicitude, e a sanção aplicada ao servidor, por causa disso, deverá ser elevada. Em outro dizer: o desvio de finalidade prescinde da prova da real intenção do agente público, sendo suficiente sua configuração objetiva.

2.2.7 Posição do órgão administrativo frente aos particulares

Do princípio da supremacia do interesse público sobre o do particular decorre a posição privilegiada do órgão administrativo, nas relações com os particulares.[24] Significa que o Poder Público, nas suas relações com os particulares, dispõe, segundo a lei, de privilégios especiais, existentes para a garantia da atuação de seu mister.

---

24. Celso Antônio Bandeira de Mello, *Curso...*, cit., p. 30.

Assim, por exemplo: a sistemática do precatório concernente às condenações em sentenças judiciais;[25] o prazo em dobro para contestar ou em quádruplo para recorrer;[26] o recurso de ofício;[27] a prescrição qüinqüenal nas ações contra a Fazenda Pública;[28] no plano administrativo, o início do processo de ofício,[29] a avocação temporária de competência,[30] o prazo decadencial de cinco anos para anular os atos administrativos[31] (inclusive os que imponham sanções), a possibilidade de decisão, do órgão colegiado, contrária ao pedido recursal do interessado.[32]

2.2.8 A autotutela

Decorrente, ainda, do sobredito princípio norteador da ação administrativa é a possibilidade de revogação (critérios de conveniência e oportunidade) e anulação (critério de legalidade, legitimidade) de atos administrativos pela própria Administração Pública, de ofício, independentemente de pedido da parte interessada. É a denominada *autotutela administrativa*. Hoje, dispõe o art. 53 da Lei 9.784, de 29.1.1999, que regula o processo administrativo no âmbito da Administração Pública Federal: "A Administração deve anular seus próprios atos, quando eivados de vício de legalidade, e pode revogá-los por motivo de conveniência ou oportunidade, respeitados os direitos adquiridos".

Se a autoridade administrativa aplica determinada sanção ao administrado, ao verificar sua ilegalidade, em face do ordenamento jurídico, deverá anulá-la, em obediência ao princípio da legalidade. Quanto à revogação, motivos de conveniência e oportunidade podem

25. Cf. art. 100 da Constituição Federal de 1988.
26. Cf. art. 188 do Código de Processo Civil.
27. Art. 475 do Código de Processo Civil.
28. Cf. Decreto 20.910, de 1932. Aliás, todos os dias editam-se medidas provisórias, convertidas em lei, excepcionalmente, com a finalidade de conferir, mais e mais, prerrogativas processuais às Fazendas Públicas, inclusive fundações públicas e autarquias. Trata-se, a nosso sentir, de um exagero. Os Tribunais poderiam passar a verificar a razoabilidade de tais comandos normativos advindos por inconstitucionais medidas provisórias.
29. Cf. art. 5º da Lei federal 9.784, de 1999.
30. Art. 15 da Lei 9.784, de 1999.
31. Art. 54 da Lei 9.784, de 1999.
32. Art. 64 da Lei 9.784, de 1999.

resultar na retirada do ato administrativo, ainda no caso de sanção administrativa.

2.2.9 Atributos dos atos administrativos

Finalmente, resultam do princípio todos os atributos dos atos administrativos, quais sejam: a presunção de legitimidade, a imperatividade, a exigibilidade e a executoriedade.

2.2.9.1 Presunção de legitimidade – Os atos da Administração Pública, havidos no cumprimento de seu dever de bem curar do fim social, uma vez editados, presumem-se legais e verdadeiros, até prova em contrário. Trata-se de presunção relativa, isto é, *juris tantum*: comporta prova contrária.

2.2.9.1.1 Ônus da prova – seguindo, porém, no passo, os ensinamentos de Lucia Valle Figueiredo,[33] a presunção inverte-se quando houver impugnação do interessado, administrativa ou judicial. São suas palavras:

"Deveras, se a presunção de legalidade fosse absoluta, despiciendo seria o amplo controle judicial, como também o controle externo do Congresso Nacional e Tribunais de Contas, estes últimos nas hipóteses assinaladas pelo texto constitucional.

"De outra parte, se a regra de que a prova é de quem alega não fosse invertida, teríamos, muita vez, a determinação feita ao administrado de prova impossível, por exemplo, da inocorrência da situação de fato.

"A prerrogativa de tal importância – presunção de legalidade – deve necessariamente corresponder, se houver confronto, a inversão do *onus probandi*."[34]

Especificamente quanto às sanções, expõe a autora, com clareza e precisão:

"(...). Muita vez torna-se difícil – ou quase impossível – provar que o sancionado não incorreu nos pressupostos da sanção (a prova seria negativa). Caberá, destarte, à Administração *provar cabalmente*

---
33. Ob. cit., p. 171.
34. Lucia Valle Figueiredo, ob. cit., p. 172. Para ilustrar o tema a professora alude à demolição de prédio que estava em ruína. Seria impossível ao particular provar que o prédio demolido não estava no estado indicado pela Administração.

os fatos que a teriam conduzido à sanção, até mesmo porque, em face da atuação sancionatória, vige, em sua plenitude, o inciso LV do art. 5º do texto constitucional.

"Na verdade, quando os atos emanados forem decorrentes de infrações administrativas ou disciplinares não há como não se exigir da Administração a prova contundente da existência dos pressupostos fáticos para o ato emanado. Para isso, a motivação do ato é de capital importância."[35]

2.2.9.2 Imperatividade – Os atos administrativos impõem-se aos particulares; têm imperatividade, impõem-se independentemente da concordância da pessoa por eles atingida.

A imperatividade decorre do "poder extroverso", mencionado por Renato Alessi,[36] ou a possibilidade de o Poder Público interferir, unilateralmente, na esfera jurídica de terceiros: "Ao contrário, o provimento, como aplicação do poder soberano do Estado impessoal da autoridade administrativa, é aplicação de um poder cujo resultado é bem mais extenso e penetrante, estendendo-se às modificações unilateralmente produzidas na esfera jurídica de outrem: poder extroverso, por assim dizer".[37]

Mas a imperatividade não existe em todos os atos administrativos, conforme ressalta Maria Sylvia Di Pietro, pois "quando se trata de ato que confere direitos solicitados pelo administrado (como na licença, na autorização, permissão ou admissão), ou de ato apenas enunciativo (certidão, atestado, parecer), esse atributo não existe".[38]

2.2.9.3 Exigibilidade – A exigibilidade refere-se, segundo Celso Antônio Bandeira de Mello, ao "atributo do ato pelo qual se impele à obediência, ao atendimento da obrigação já imposta, sem necessidade

---

35. Lucia Valle Figueiredo, ob. cit., p. 172.
36. In Celso Antônio Bandeira de Mello, *Curso ...*, cit., p. 373; Lucia Valle Figueiredo, ob. cit., p. 171.
37. Alessi, ob. cit., v. I, p. 308 (traduzimos).
38. *Direito Administrativo*, 12ª ed., p. 37. Aliás, o atributo "imperatividade", conforme vimos antes, concerne a toda norma jurídica; o ato administrativo é norma jurídica. Mas o sentido empregado pela doutrina avança um pouco mais, ao incluir no conceito aspectos havidos da atuação do Poder Público, o de "constituir terceiros em obrigações mediante *atos unilaterais*" (Celso Antônio Bandeira de Mello, *Curso ...*, cit., p. 67).

de recorrer ao Poder Judiciário para induzir o administrado a observá-la".[39] Se a autoridade municipal intima, com base na lei, os proprietários de terrenos para que retirem o mato, em face da possibilidade de propagação de doença contagiosa ou em virtude de melhorar a estética da urbe, uma vez não atendida a determinação, poderá a Municipalidade aplicar multa (sanção administrativa), sem necessidade de se socorrer do Judiciário. Aliás, poderia realizar o serviço – ou seja, o Poder Público cortaria o mato e, posteriormente, cobraria do proprietário o que realizou –, sem ordem judicial. Nesta hipótese não se cuida de infligir uma pena, mas de se ressarcir do valor que o Estado gastou pelo serviço. De todo modo, o Poder Público não poderá constranger o particular, materialmente, a realizá-lo. Trata-se de exigibilidade: a Administração vale-se de "*meios indiretos que induzirão* o administrado a atender ao comando imperativo".[40]

Como se observa, a exigibilidade traduz-se "na previsão *legal* de sanções ou providências indiretas que induzam o administrado a acatá-los"[41] (os atos do Estado).

2.2.9.4 Executoriedade – Quanto à executoriedade, embora também sem ordem judicial, como na exigibilidade, a Administração coage, constrange fisicamente o particular ao cumprimento do comando. São palavras do professor Celso Antônio Bandeira de Mello: "(...). Nos casos de executoriedade, pelo contrário, a Administração, por si mesma, compele o administrado, como, *v.g.*, quando dissolve uma passeata, quando interdita uma fábrica, quando se *apossa* (caso de requisição) de bens indispensáveis ao consumo da população em caso de urgência ou calamidade pública, quando apreende medicamente cujo prazo de validade se expirou, quando destrói alimentos deteriorados postos à venda, quando interna compulsoriamente uma pessoa portadora de moléstia infecto-contagiosa em época de epidemia".[42]

Ou seja, segundo a professora Lucia Valle Figueiredo: "A exigibilidade distingue-se da auto-executoriedade; enquanto que, por força da exigibilidade, pode ser cobrada a atuação do particular (como, *v.g.*, acrescentando-se multas e sanções administrativas ao inadimplemen-

39. *Curso* ..., cit., p. 374.
40. Celso Antônio Bandeira de Mello, *Curso* ..., cit., p. 375.
41. Celso Antônio Bandeira de Mello, *Curso* ..., cit., p. 67.
42. *Curso* ..., cit., p. 374.

to), na auto-executoriedade a prestação pode ser compulsoriamente exigida".[43]

É que a supremacia da Administração Pública não se explica apenas na fase da emanação do ato, mas também "nella fase successiva della realizzazione coattiva dell'atto in caso di mancato adempimento spontaneo (...)".[44] Vale dizer, a superioridade da Administração, por proteger o interesse público, não se configura somente quando da emanação do ato administrativo, porém estende-se na sua atuação prática.

É de se advertir que nem todos os atos administrativos possuem executoriedade, porque alguns deles não permitem à Administração, por si mesma, constranger, fisicamente, o administrado. Na verdade, apenas em casos excepcionais tornar-se-á viável, como *(a)* quando a lei prevê expressamente, ou *(b)* nas hipóteses de urgência, em que "não há via jurídica de igual eficácia à disposição da Administração para atingir o fim tutelado pelo Direito, sendo impossível, pena de frustração dele, aguardar a tramitação de uma medida judicial".[45]

Apenas em situações excepcionais, anormais mesmo, poderá o Poder Público constranger fisicamente o administrado. Além de urgente, a medida deve ser tomada apenas se houver necessidade – e, até mesmo, preventivamente –, para a preservação do Estado e da sociedade, como na legítima defesa e no estado de necessidade, fazendo cessar a lesão. São medidas coativas, tomadas pelo Poder Público em prol da sociedade. Já, as sanções administrativas estão incluídas na "exigibilidade" do ato administrativo, meio de que se vale o Estado para cobrar a atuação do particular, penalizando-o, infligindo-lhe uma pena, devido ao ilícito cometido; é instrumento repressivo, servindo, porém, como prevenção a todos os demais administrados, para que ajam como determinado pelo ordenamento.

Apesar disto, a multa – um dos tipos de sanções – não pode ser exigida diretamente pelo Poder Público; há necessidade de o Estado socorrer-se do Poder Judiciário se o administrado não concordar com seu pagamento: "Excluem-se da auto-executoriedade as *multas*, ainda que decorrentes do poder de polícia, que só podem ser executadas por

---

43. Ob. cit., p. 171.
44. Renato Alessi, ob. cit., v. I, p. 253.
45. Celso Antônio Bandeira de Mello, *Curso* ..., cit., p. 376.

via judicial, como as demais prestações pecuniárias devidas pelos administrados à Administração".[46]

O Estado não pode ingressar na propriedade alheia, tolhendo-a coativamente, de forma unilateral, para o recebimento de seu crédito, devido pelo administrado. Precisa do juiz, oráculo do Direito, para que esta tarefa seja efetivada. Por isto, tanto o desconto em folha de pagamento, de ofício, sem concordância do servidor, como a cobrança de multa imposta a determinado administrado não podem ser realizados pela Administração. Atingem o direito de propriedade e, no primeiro caso, também a irredutibilidade de vencimentos do servidor público, ambos com ampla proteção constitucional.

2.3 A indisponibilidade dos interesses públicos pela Administração

2.3.1 Justificação

O art. 1º da Constituição da República proclama o regime democrático de direito ("Estado Democrática de Direito"), e o § 1º estabelece que "todo poder emana do povo". Ora, quem titulariza o poder é o povo, representado pelo Estado; as pessoas incumbidas de gerir o aparelho estatal não têm qualquer disponibilidade sobre os interesses em vista dos quais ele existe.

2.3.2 Exemplos

Os interesses públicos são indisponíveis, vale dizer, não podem os agentes públicos dispor dos interesses públicos, exceto nos termos e em face de autorização legal. Assim, a título de exemplo, a lei pode facultar ao agente fazer transação de débitos do Estado até certo valor, em cobrança judicial. De outro lado, sem tal autorização legal não se admite transação, perdão ou qualquer outro instituto que implique disposição da coisa pública.[47] Outra conseqüência, de natureza

---

46. Hely Lopes Meirelles, *Direito Administrativo Brasileiro*, 26ª ed., p. 129 (com indicação de decisão do STF in *RDA* 94/61).
47. Conforme o art. 170 do Código Tributário Nacional, a compensação de créditos tributários tornar-se-á possível apenas nas condições e sob as garantias que a lei estipular: o mesmo ocorre com as transações, nos termos do art. 171 do referido Código; e com a remissão, conforme o art. 172.

processual, refere-se ao não-reconhecimento dos efeitos da revelia no caso de a Fazenda Pública não contestar a ação caso se cuide de interesses indisponíveis.[48] Com os mesmos propósitos, os bens públicos, de regra, são inalienáveis.

2.3.3 Continuidade do serviço público. Sanção

Por efeito da indisponibilidade dos interesses públicos, na concessão de serviços e de obras públicas, se o concessionário não atuar de forma a cumprir o que fora estabelecido, paralisando o serviço ou a obra, a Administração deverá retomá-los, sem solução de continuidade. Em outras palavras, como o interesse público não é disponível pelo Poder Público, uma vez paralisados a obra ou o serviço ele tem o dever de os assumir, sob pena de não cumprir a missão, o dever de curar a proteção da coletividade. Aliás, isto é reflexo, também, do princípio da continuidade do serviço público, segundo o qual o serviço público não pode parar, ele é contínuo, pois essencial à comunidade. Além da continuidade do serviço público, que não pode ser paralisado, como visto, o agente público deverá aplicar a sanção prevista no contrato de concessão ou nas normas legais.

2.3.4 Renúncia de poderes

Decorre do princípio estudado a proibição de renúncia total ou parcial de poderes ou competências. Realmente, se a lei estabelece determinados poderes ou competência a agentes públicos, estes não têm como renunciá-los ou delegá-los, sob pena de estarem dispondo dos interesses públicos que lhes foram cometidos pela lei. É que os servidores exercem função, como já dissemos, e atuam, portanto, no interesse de outrem, no interesse da coletividade. Somente a lei poderá dispor de forma contrária, isto é, permitir a delegação e a avocação – nesse sentido a Lei 9.784, de 29.1.1999, art. 2º, parágrafo único, II, e art. 11.[49]

---

48. Art. 320, II, do Código de Processo Civil.
49. "Art. 2º. A Administração obedecerá, dentre outros, aos princípios (...).
"Parágrafo único. Nos processos administrativos serão observados, entre outros, os critérios de:
"(...)
"II – atendimento a fins de interesse geral, vedada a renúncia total ou parcial de poderes ou competências, salvo autorização em lei:

Assim, apenas a autoridade competente, nos termos do ordenamento jurídico, pode aplicar sanções administrativas aos administrados (e aos servidores públicos). A competência é a própria atribuição do servidor; ela descreve o âmbito dentro do qual ele poderá atuar.

2.3.5 Princípios decorrentes

Finalmente, do princípio da indisponibilidade do interesse público decorrem outros princípios importantes, como salienta Celso Antônio Bandeira de Mello, quais sejam:

"a) da legalidade, com suas implicações ou decorrências; a saber: princípios da finalidade, da razoabilidade, da proporcionalidade, da motivação e da responsabilidade do Estado;

"b) da obrigatoriedade do desempenho de atividade pública e seu cognato, o princípio de continuidade do serviço público;

"c) do controle administrativo ou tutela;

"d) da isonomia, ou igualdade dos administrados em face da Administração;

"e) da publicidade;

"f) da inalienabilidade dos direitos concernentes a interesses públicos;

"g) do controle jurisdicional dos atos administrativos."[50]

Vamos abordar alguns deles, em seguida.

2.3.5.1 Princípio da legalidade:

2.3.5.1.1 Estado de Polícia e Estado de Direito – Trata-se de um dos princípios relevantes no direito administrativo. Ao contrário do Estado de Polícia, no qual os detentores do poder atuam livremente, sem qualquer limite legal, formal ou material, no Estado de Direito o Poder Público segue os parâmetros normativos, legislativamente estipulados. No Estado de Polícia o poder não está ligado pelas normas jurídicas de

---

"(...)."
"Art. 11. A competência é irrenunciável e se exerce pelos órgãos administrativos a que foi atribuída como própria, salvo os casos de delegação e avocação legalmente admitidos."
50. *Curso* ..., cit., pp. 35-36.

que os particulares possam exigir o cumprimento. Ilustra bem isso o jurista português Afonso Rodrigues Queiró: "É sabido que princípio característico e essencial do Estado de Direito é precisamente o de que o Estado se comporta em relação aos particulares na forma do Direito, quer dizer, *ligado pelas normas jurídicas*, qualquer que seja a sua fonte; e que, diversa e opostamente, no Estado-Polícia a atividade do Estado, incluindo aquela que está em imediata relação com os particulares, *não* se encontra sujeita, *vinculada, a qualquer regra jurídica* de que os mesmos particulares possam exigir o cumprimento (...)".[51]

É o que ensina, igualmente, Renato Alessi: "Na forma moderna de Estado vige o princípio de que o direito objetivo deve regular, quanto possível, cada exteriorização da vida e da atividade estatal; portanto, ainda, o poder de império do Estado não pode ser entendido como um mero poder de fato, baseado sobre uma relação meramente de força, sobre uma prevalência de fato, mas como um *poder jurídico*, vale dizer, como poder fundado no direito objetivo e exercitado nos limites assinalados pelo Direito".[52]

2.3.5.1.2 Limites formais e materiais ao agente público – No Brasil o primado da lei encontra-se basicamente estabelecido nos arts. 5º, II,[53] 37, *caput*,[54] e 84, IV,[55] todos da Constituição.

A lei estabelece ao agente público sua competência, a forma pela qual deve agir, o conteúdo de seu agir. São limites formais e materiais, com base nos quais o particular tem assegurado o respeito à legalidade administrativa. Se há prerrogativas à Administração no seu mister, se poderes lhe são conferidos, se há a supremacia do interesse público sobre o do particular, evidentemente, o povo, o indivíduo, necessita de algum instrumento de controle da ação ou omissão do agente público; este controle é dado pela lei. Ela estipula como agir, quando omitir, de que forma atuar, o conteúdo do ato.

---

51. "A teoria do 'desvio de poder' em direito administrativo", *RDA* 6/41.
52. *Sistema Istituzionale del Diritto Amministrativo Italiano*, p. 149.
53. "Ninguém será obrigado a fazer ou deixar de fazer alguma coisa senão em virtude de lei."
54. "A Administração Pública direta e indireta de qualquer dos Poderes da União, dos Estados, do Distrito Federal e dos Municípios obedecerá aos princípios de legalidade (...)."
55. "Compete privativamente ao Presidente da República: (...) IV – sancionar, promulgar e fazer publicar as leis, bem como expedir decretos e regulamentos para sua fiel execução; (...)."

A Administração Pública atua em face e nos termos da lei; ela é serviente, obediente, ao comando advindo da norma legal, geral e abstrata. Sendo assim, seus atos devem estar de acordo com a lei. Logo, depende de autorização legal para atuar; isto é, enquanto o particular pode fazer tudo o que a lei não proíbe (o que não é proibido é-lhe permitido), a Administração atua apenas onde a lei lhe autorizou. Não basta a não-proibição para agir; é necessária a autorização do legislador, porque o agente público precisa ter competência legal para agir de tal ou qual maneira.

2.3.5.1.3 Função legislativa e função administrativa. Distinção de Renato Alessi – É que a função administrativa é complementar à função legislativa; além de estar subordinada a ela – os atos do Poder Executivo devem obediência ao que for estabelecido pelo Poder Legislativo.

Alessi bem faz a distinção entre as funções legislativa e administrativa: "De um ponto de vista mais propriamente jurídico, se pode dizer que *legislação* é a posição de comandos *primários*, vale dizer, fundados única e diretamente no poder soberano, do qual são direta e primária explicitação. A lei, portanto, é não apenas *inovação* (...) no mundo jurídico (que, em substância, sob um certo aspecto, constituem inovação ainda o ato administrativo, a sentença e mesmo o negócio privado), mas também *inovação primária*, explicitação direta e imediata do poder soberano do Estado. Mediante a lei o Estado regula relações, ficando acima e de fora das mesmas. (...). *Administração*, enfim, é a emanação de comandos complementares, atuação concreta do comando primário abstrato contido na norma: comandos postos na essência do órgão estatal *como parte das relações* às quais os comandos se referem; portanto, a posição do órgão estatal nas relações às quais se refere o comando posto na essência na função administrativa é aquela de sujeito da relação mesma, nem mais nem menos do que acontece no caso das relações a respeito do sujeito privado *parte* da relação: a diferença está no fato de que enquanto os sujeitos privados não têm poder de influir na norma, mediante negócios unilaterais fora da própria esfera jurídica, o Estado-organização tem, pelo contrário, tal poder, exatamente enquanto agente portador de poder soberano: *parte* na relação, mas sempre em posição de superioridade: relações, portanto, postas em um plano vertical, por assim dizer, antes que horizontal. O que não infirma, repetimos, a natureza de comando complementar (enquanto atuação concreta do comando primário contido na norma) do comando administrativo".[56]

2.3.5.1.4 Submissão à lei – Portanto, há submissão do agente público às normas legais editadas pelo Poder Legislativo – aliás, próprio da separação dos Poderes, insculpida entre nós no art. 2º da Constituição Brasileira, segundo o qual "são Poderes da União, independentes e harmônicos entre si, o Legislativo, o Executivo e o Judiciário".

2.3.5.2 Princípio da finalidade:

2.3.5.2.1 Primeira vertente – O princípio da finalidade encontra supedâneo normativo, na órbita federal, no art. 2º da Lei 9.784, de 29.1.1999. A Constituição é omissa no ponto, embora referido princípio resulte do próprio princípio da legalidade. Significa, em poucas palavras, a exigência de o agente público agir visando sempre ao interesse público, e não a interesses subalternos, seus ou de outrem. A competência legal que lhe é conferida tem por finalidade o cumprimento da lei, de forma concreta, pelo agente; para tal tarefa o servidor cumpre uma função, que é correlata do dever – onde há função, há dever. Logo, se o agente visa ao interesse pessoal ou ao interesse apenas de terceiros, por amizade ou inimizade, ou a outros interesses escusos, o ato será havido como ilegal.

2.3.5.2.2 Segunda vertente – Mas também o princípio da finalidade abarca situação diferente. Como afirmamos antes, a lei tem um fim, uma finalidade que lhe é própria; a lei tem um fim específico. O fim da lei é o que ela almeja, o interesse público específico que deseja ser alcançado. Assim, o fim da lei impondo multas por infrações de trânsito não é o mesmo fim da lei que estabelece a exigência do pagamento de impostos. São fins diversos, e, assim, distintas leis são elaboradas, cada qual com seu fim específico. No primeiro caso visa-se, por exemplo, a evitar acidentes de trânsito em virtude da velocidade dos veículos; no segundo, arrecadar dinheiro aos cofres públicos para manter o Estado e os serviços públicos.

Já dizia Aristóteles: "A natureza determina a utilidade de cada coisa, e cada instrumento é mais bem-feito quando determinado para atender a uma e não a muitas finalidades".[57] Por conseguinte, uma vez

---
56. *Sistema* ..., cit., p. 5 (traduzimos).
57. *A Política*, Livro I, p. 144.

agindo a Administração com fim, embora de interesse público, diverso do da lei, ocorrerá ilicitude, pois o desvio de poder ou de finalidade, que é objetivo, conforme vimos, corresponde a ato ilícito praticado pelo agente público, na medida em que a finalidade legal é elemento da própria lei.[58] Se a autoridade administrativa impõe, como sanção disciplinar, a remoção de certo servidor com finalidade punitiva, ocorre desvio de finalidade, pois a remoção não serve para tal fim, mas para atender ao interesse público – no caso, identificado com a necessidade de removê-lo diante da falta de servidores no local para onde foi removido. De outro lado, a lei pode estabelecer em determinados casos, justificados diante de interesses públicos, a remoção com finalidade punitiva. Os militares podem ser punidos, eventualmente, com referida sanção disciplinar. Os juízes, como descreve o art. 93, VIII, da Constituição Federal, também podem ser removidos por interesse público, servindo como sanção ao magistrado desidioso – embora nem toda remoção, neste caso, sirva como pena, como na hipótese de o juiz estar sendo ameaçado constantemente por alguns jurisdicionados; neste caso o quorum qualificado (2/3) dos membros do tribunal respectivo, exigido no caso de sanção a juiz, deixa de ter razão de ser – pois o quorum serve para garantia do magistrado acusado de qualquer irregularidade.

O fato de a Lei 9.784, de 29.1.1999, mencionar apenas, entre os princípios a serem seguidos pela Administração, o "atendimento a fins de interesse geral (...)" (art. 2º, parágrafo único, II) não significa, *a contrario sensu*, não ter sido admitido o "desvio de finalidade" na forma referida (desvio da finalidade específica da lei), pois, como realçamos, o princípio da finalidade decorre do princípio da legalidade, e este se encontra encartado na Constituição da República (por exemplo, art. 37, *caput*; e, na lei citada, no art. 2º, *caput*).

2.3.5.2.3 Elemento da lei – Por conseguinte, o fim da lei é elemento dela. Di-lo, com argúcia, Celso Antônio Bandeira de Mello: "Em rigor, o princípio da finalidade não é uma decorrência do princípio da legalidade. É mais que isto: é uma inerência dele; está nele contido, pois corresponde à aplicação da lei tal qual é; ou seja, na conformida-

---

58. Os objetos são criados para um fim determinado. Tudo o que existe, na Natureza ou criado pelo homem, como o Direito, tem uma finalidade. A forma, que é a maneira pela qual o objeto se apresenta para nós, nada mais atende do que à finalidade do objeto criado.

de de sua razão de ser, do objetivo em vista do qual foi editada. Por isso se pode dizer que tomar uma lei como suporte para a prática de ato desconforme com sua finalidade não é aplicar a lei; é desvirtuá-la; é burlar a lei sob pretexto de cumpri-la. Daí por que os atos incursos neste vício – denominado 'desvio de poder' ou 'desvio de finalidade' – são *nulos*. Quem desatende ao fim legal desatende à *própria lei*".[59]

2.3.5.2.4 Críticas de Adílson Abreu Dallari – Gravidade da violação ideológica da lei – Embora feitas há bastante tempo, e dirigidas especificamente às desapropriações, o jurista Adílson Abreu Dallari faz críticas quanto às dificuldades para o reconhecimento judicial do desvio de poder, acentuando que: "O Poder Judiciário só aceita o desvio de poder se a autoridade confessar. Ora, o que é o desvio de poder? É exatamente o embuste, o disfarce, o uso de uma prerrogativa com alegação de uma dada finalidade, mas para atingir outra. O Poder Público, em tais casos, sempre age de maneira disfarçada.O desvio de poder é muito mais grave que a simples ilegalidade, porque nesta temos a violação flagrante da lei, e naquela temos a violação da lei qualificada pelo disfarce, pela vontade de enganar, pela má-fé (...)".[60]

Cremos realmente ter razão o ilustre professor: o desvio de finalidade deve ser visto sob o prisma objetivo, sendo desnecessária qualquer prova do elemento subjetivo do agente público; e a exigência de provas robustas para a demonstração do desvio deve ceder ante o entendimento mais consentâneo com a realidade nacional, isto é, ser possível caracterizar o desvio de finalidade por indícios sérios e convergentes em dada situação.

2.3.5.3 Princípios da razoabilidade e da proporcionalidade:

2.3.5.3.1 Razoabilidade – O princípio da razoabilidade, tão bem encartado na Lei 9.784, de 29.1.1999, no art. 2º, significa que o agente público deva agir razoavelmente no exercício do poder discricionário;[61] pois, no dizer de Lucia Valle Figueiredo, "é por meio da

---

59. *Curso* ..., cit., p. 77.
60. "Desapropriação: Conceitos e Preconceitos", in *Curso de Direito Administrativo*, p. 38.
61. *Poder discricionário* é aquele no qual o agente público, em face da lei, pode escolher a melhor forma de atender ao interesse público, no caso concreto, mediante critérios de conveniência e oportunidade. É um poder decorrente da lei, como o é também o *poder vinculado*, pelo qual a Administração, ao contrário daqueloutro, não

razoabilidade das decisões tomadas que se poderão contrastar atos administrativos, e verificar se estão dentro da moldura comportada pelo Direito"; ou seja, "a *razoabilidade* vai se atrelar à *congruência lógica* entre as situações postas e as decisões administrativas".[62]

Na contrastação feita pelo administrador, haverá de valorar os fatos segundo as concepções dos homens, e não mediante ideologias próprias, pessoais. Se o agente público se encontra numa função, a qual tem o correlato dever, suas impressões pessoais devem ceder para a do padrão médio da sociedade, segundo as concepções sociais numa certa época e determinado lugar. Ainda valorando, de acordo com tal critério, porém, fica sempre uma certa margem para o administrador trazer suas impressões, seu modo de pensar, pois, no dizer de Hans Kelsen: "Se por 'interpretação' se entende a fixação por via cognoscitiva do sentido do objeto a interpretar, o resultado de uma interpretação jurídica somente pode ser a fixação da moldura que representa o Direito a interpretar e, conseqüentemente, o conhecimento das várias possibilidades que dentro desta moldura existem. Sendo assim, a interpretação de uma lei não deve necessariamente conduzir a uma única solução como sendo a única correta, mas possivelmente a várias soluções (...)".[63]

2.3.5.3.2 Proporcionalidade – O princípio da proporcionalidade estabelece a correlação entre meios e fins, ou seja, o administrador, em vista do interesse público a ser atendido, no caso concreto, deverá utilizar os meios estritamente necessários àquela finalidade. Não poderá exceder-se no cumprimento de seu mister. Assim, se determinado servidor público faltar no serviço por um único dia a sanção que lhe será imposta deverá ser proporcional à falta cometida; se uma fábrica polui, embora de forma não muito grave, a sanção administrativa terá de ser proporcional ao motivo, aos fatos que a originaram. O mesmo ocorre se o agente aplicar sanção aquém do que seria suficiente para atender à finalidade legal.

2.3.5.3.3 Poder discricionário – A Lei 9.784, de 29.1.1999, no art. 2º, VI, estabelece o seguinte critério a ser obedecido pela Admi-

pode optar, no caso concreto, pela melhor maneira de atender ao interesse da coletividade, pois a lei já exprime o único caminho a ser seguido, não deixando qualquer margem de subjetividade.
62. *Estudos de Direito Tributário*, p. 84.
63. *Teoria Pura do Direito*, 5ª ed., p. 390.

nistração Pública: "adequação entre meios e fins, vedada a imposição de obrigações, restrições e sanções em medida superior àquelas estritamente necessárias ao atendimento do interesse público".

Logo, no exercício do poder discricionário o agente público terá de, além de valorar os fatos segundo os padrões médios da comunidade, em determinada época e local, escolher os meios estritamente necessários ao atingimento do interesse público. Mas devemos observar um ponto. Se há dois ou mais caminhos a serem percorridos pelo agente público, com a possibilidade de obter o mesmo resultado, terá de seguir o que acarretar menor gravame ao administrado, pois os meios devem ser os estritamente necessários para alcançar o fim legal.

Como conseqüência do que explicado, temos que concordar com Celso Antônio Bandeira de Mello quando assevera: "Deveras: se com outorga de discrição administrativa pretende-se evitar a prévia adoção em lei de uma solução rígida, única – e por isso incapaz de servir adequadamente para satisfazer, em todos os casos, o interesse público estabelecido na regra aplicanda –, é porque através dela visa-se à obtenção da medida ideal, ou seja, da medida que, em cada situação, atenda de modo perfeito à finalidade da lei".[64]

Isto porque o legislador não podendo tudo prever; deixa à Administração, em alguns casos, a escolha do melhor meio ou da melhor medida a ser tomada, no caso concreto, mediante critério de conveniência e oportunidade – o que não significa arbitrariedade, porquanto tal critério é concedido pela lei, e a discricionariedade, a par de ser concedida pela lei, deve ser exercida nos limites impostos, nas opções demarcadas por ela. Fora daí ocorre arbitrariedade, e não discricionariedade.

É que – no dizer de Renato Alessi – "o intento do legislador no Estado de Direito, sem qualquer dúvida, é aquele de disciplinar no modo mais estreito possível a atividade da Administração, de maneira que o espírito da lei é sem dúvida aquele que requeira uma aderência *plena* ao interesse público concreto (...)".[65]

2.3.5.3.4 Ilegalidade – Como se viu, a desproporcionalidade consiste na falta de correlação entre meios e fins, e se distingue da finalidade da lei, como explica Maria Sylvia Di Pietro: "Quando se fala em falta de proporcionalidade ou de correlação entre meios e fins,

---

64. *Curso* ..., cit., pp. 79-80.
65. *Principi* ..., cit., v. I, p. 236.

não se está confundindo a hipótese com o desvio de poder; nesta a autoridade usa de uma competência legal para praticar um ato contrário ao interesse público ou com finalidade diversa daquela prevista em lei; trata-se de vício relativo à *finalidade* do ato; na irrazoabilidade os fins legais são observados, porém os meios utilizados para atingi-los são inadequados".[66]

Apesar dessas considerações, temos de admitir que o ato irrazoável acaba não alcançando a finalidade legal, pois o fim da lei é aquele interesse público específico protegido pela norma, de correspondência à providência tomada pela Administração, a qual deve ser capilar, precisa, ao atingimento daquele fim legal: "É óbvio que uma providência administrativa desarrazoada, incapaz de passar com sucesso pelo crivo da razoabilidade, não pode estar conforme à finalidade da lei. Donde, se padecer deste defeito, será, necessariamente, violadora do princípio da finalidade. Isto equivale a dizer que será ilegítima, conforme visto, pois a finalidade integra a própria lei. Em conseqüência, será anulável pelo Poder Judiciário, a instâncias do interessado".[67]

2.3.5.4 Princípio da motivação:[68]

2.3.5.4.1 Justificação – No Estado Democrático de Direito o povo titulariza o poder, passando seu exercício a pessoas eleitas por ele (art. 1º e parágrafo único da CF de 1988). Logo, é da essência da Democracia o exercício do poder por representantes da sociedade, os quais agem em nome daqueles que os elegeram. Mesmo os agentes

---

66. *Discricionariedade Administrativa na Constituição de 1988*, p. 148.
67. Celso Antônio Bandeira de Mello, *Curso* ..., cit., p. 80.
68. Não convém confundirmos *motivo* do ato administrativo com *móvel* do agente e *motivação*. Motivo é o pressuposto de fato que levou o agente público a editar o ato administrativo; *móvel* é a intenção do agente, representação subjetiva, e tem importância nos atos discricionários, nos quais a intenção do agente público pode tornar o ato inválido, pois, no exercício do poder discricionário, o servidor público sopesa as circunstâncias concretas, com uma inevitável apreciação subjetiva. De outro lado, *motivo do ato*, que é a própria situação material que levou o agente a agir, não se confunde com *motivo legal*, que é a situação fática, empírica, prevista abstratamente na lei. O motivo pode estar previsto na lei ou não; no primeiro caso o agente poderá agir apenas se ocorrer a situação prevista abstratamente; no segundo caso – ou seja, se não houver previsão legal – o agente tem liberdade de escolha do motivo em vista do qual editará o ato. A respeito, cf. Celso Antônio Bandeira de Mello, *Curso* ..., cit., pp. 354 e ss.

públicos não eleitos pelo povo, ou não submetidos a eleição, respondem perante a sociedade, porque esta é que detém o efetivo poder. "Todo o poder emana do povo"; logo, os servidores públicos são servientes da sociedade, prestam serviços à coletividade.

Assim, no cumprimento da lei, o agente público deverá motivar sua ação, dizer as razões de fato e de direito pelas quais atuou. Com efeito, o art. 50 da Lei 9.784, de 29.1.1999, estabelece as hipóteses perante as quais o agente público deverá motivar atos administrativos, entre elas a do inciso II: quando "imponham ou agravem deveres, encargos ou sanções".

Se não houvesse a necessidade de motivar o ato administrativo, em determinadas hipóteses, não haveria como a sociedade controlar a conduta dos administradores; poderiam descumprir a lei de forma expressa ou – pior – cumpri-la sob a forma, não a atendendo, porém, no seu fim, tanto por agir em prol de terceiros ou de si mesmos, ou prejudicando terceiros, quanto por atuar com fim específico diverso do pretendido por ela; ou, finalmente, agir de maneira irrazoável e desproporcional em vista do fim a ser atingido.

2.3.5.4.2 Conteúdo – A *motivação* significa a exposição dos motivos (pressuposto de fato que originou a ação administrativa), da causa (relação de adequação lógica entre o motivo e o conteúdo do ato, na qual se observa a razoabilidade e a proporcionalidade) e da regra de Direito em que se estribou o agente. Por exemplo, a interdição de um restaurante por insalubridade, em virtude de graves problemas relacionados à saúde das pessoas freqüentadoras do local, encontra respaldo jurídico ante *(a)* a existência do motivo (graves problemas, tais e quais, causadores ou que possibilitarão atentados à saúde do povo), *(b)* a causa (pertinência lógica entre os fatos – motivo – e o conteúdo do ato, a medida da Administração, a interdição) e *(c)* a fundamentação jurídica do ato mesmo.

2.3.5.4.3 Fundamentação jurídico-constitucional – Lembra muito bem Lucia Valle Figueiredo que a motivação decorre do texto constitucional: "É o que se colhe do art. 93, inciso X, que obriga sejam as decisões administrativas do Judiciário motivadas. Ora, se quando o Judiciário exerce função atípica – a administrativa – deve motivar, como conceber esteja o administrador desobrigado da mesma conduta?"[69]

69. *Curso* ..., cit., p. 51.

A mesma autora, também ilustre processualista, expõe: "A motivação atende às duas faces do *due process of law*: a formal – porque está expressa no texto constitucional básico; e a substancial – sem a motivação não há possibilidade de aferição da legalidade ou ilegalidade, da justiça ou da injustiça de uma decisão administrativa".[70]

2.3.5.4.4 Segundo as espécies de poderes, vinculado e discricionário – Há necessidade de fazermos distinção quanto aos atos editados com base no poder discricionário e os atos editados com base no poder vinculado. Se o ato for discricionário a motivação deve ser prévia ou contemporânea a ele, além de detalhada, se o caso concreto o exigir. É que o administrado deve ter conhecimento, de plano, dos motivos que levaram a Administração a agir de tal ou qual forma, fazendo a escolha, a opção que a lei lhe concedeu, expressa ou implicitamente. Se a discricionariedade permite certa dose de subjetivismo, se concede ao agente público opções em face da lei, dentro da lei, a motivação prévia ou contemporânea é da essência do ato administrativo discricionário, indo ao encontro dos ditames constitucionais (entre eles "todo poder emana do povo", o "direito à apreciação judicial", o "direito de representação contra os abusos de autoridades públicas", o "direito de petição", o "direito de receber informações dos órgãos públicos", o "direito de obter certidões dos órgãos públicos"). Não pode ser diferente. A discrição, *grosso modo*, significa a escolha, a opção, feita pelo agente público, no caso concreto, de uma determinada providência; em tal escolha há subjetivismo, apreciação do agente público, para, no caso concreto, atingir o fim legal, adotando a melhor medida para isto. Logo, a motivação no ato discricionário torna-se imprescindível à sua licitude; sem ela o ato estará sujeito a invalidação. Aliás, o art. 50 da Lei 9.784, de 29.1.1999, que regula os casos em que a motivação deve ser feita pela Administração, é apenas exemplificativa, e não faz diferença entre os atos editados no exercício do poder discricionário e os emanados no exercício do poder vinculado.[71]

Sob o segundo aspecto – ou seja, no tocante aos atos editados com base no poder vinculado, quando o agente público não tem esco-

---

70. Lucia Valle Figueiredo, *Curso* ..., cit., p. 52.

71. O sempre citado Celso Antônio Bandeira de Mello entende ser possível a convalidação de ato administrativo editado no exercício do poder discricionário, mas numa única hipótese, com os seguintes fatores, concomitantes: a) o motivo extemporaneamente alegado preexistia; b) era idôneo para justificar o ato; e c) foi a razão determinante da prática do ato (*Curso* ..., cit., p. 360).

lha, senão a de atender fielmente ao que a lei estipulou –, a motivação poderá ser até mesmo posterior à edição do ato, embora também admitamos ser necessária a motivação, de regra, dos atos vinculados, especificamente quanto à demonstração de que ocorreu o motivo (fatos) e ele teve perfeita correspondência à lei.[72]

É que a motivação serve de garantia para a tutela dos direitos legítimos dos cidadãos interessados no ato, segundo Pietra Virga, "garantia que se tornaria evanescente, se a Administração Pública se entrincheirasse detrás da insuficiência ou exatamente no defeito da motivação; de conseqüência, quanto mais é discricionário o ato, tanto mais se impõe a exigência de motivação".[73]

Ao contrário do pensamento do citado autor italiano,[74] entendemos deva ser motivado o ato administrativo discricionário mesmo quando haja o acolhimento do pedido do interessado, porque o agente público deve motivar seus atos não apenas para que o interessado se valha das garantias que lhe estão disponíveis no ordenamento jurídico, em busca de seus interesses ou direitos, mas sobretudo para que a comunidade possa aquilatar a certeza e a precisão do ato editado pelo Poder Público. Mesmo porque a fiscalização é feita pelo povo, por intermédio da Ação Popular, pelo Tribunal de Contas e pelo Congresso Nacional.

Mas nem todo ato administrativo comporta motivação; assim, atos de mero expediente, ou de impulso de procedimentos, não precisam dela, exceto se, perante a situação concreta, a autoridade quiser fazer uso dela ou, mesmo, se o caso concreto a exigir.

2.3.5.4.5 Obrigatoriedade de motivar – Logo, a nosso ver, a obrigatoriedade da motivação do ato administrativo pode decorrer da lei, ao exigi-la expressamente, como acontece entre nós; ou da natureza do ato, conforme ensina a respeito Pietro Virga, para quem "a motivação pode constituir um requisito de legitimidade do provimento,

---

72. "Portanto, mesmo se falte a motivação, e ainda que a lei expressamente a exija, a sua ausência não invalida o ato, se provado, em juízo, que se conformou absolutamente com as prescrições legais" (Oswaldo Aranha Bandeira de Mello, ob. cit., v. I, p. 471).
73. *Il Provvedimento Amministrativo*, 4ª ed., pp. 210-211.
74. "La motivazione non è invece richiesta per gli atti vincolati, per gli atti con cui si provvede in conformità alla istanza dell'interessato ed in genere per tutti quegli atti, che costituiscono semplice esecuzione di legge" (idem, ibidem).

quando seja requerida expressamente por uma norma de lei ou seja imposta pela natureza mesma do ato".[75] Vamos nos deter, agora, nos ensinamentos do citado autor italiano. Quanto à motivação da natureza do ato, explica: "A obrigação da motivação pode considerar-se imposta pela natureza do ato quando a motivação seja indispensável a identificar o poder exercido ou quando a incidência sobre as posições jurídicas dos sujeitos privados exija que o interessado seja posto na melhor condição para defender-se na via administrativa ou jurisdicional contra o eventual excesso de poder em que incursa a autoridade administrativa ao emanar o ato".[76]

O autor expõe casos em que a motivação se torna necessária, em face da natureza do ato, entre os quais destacamos: *(a)* atos decisórios, mediante os quais se decidem os *recursos administrativos*; *(b)* atos que sacrificam posição jurídica dos indivíduos, ou seja, limitam ou extinguem direitos ou faculdades dos indivíduos, como a ordem de requisição, os atos de imposição de vínculos, os *provimentos disciplinares*; *(c)* atos que implicam escolha comparativa dos requisitos pessoais dos candidatos, como os veredictos de comissões jurídicas de concursos, nos quais a motivação deve pôr em evidência os critérios que presidiram a escolha.[77]

2.3.5.4.6 Teoria dos motivos determinantes – Uma vez motivado o ato administrativo, mesmo sem necessidade, tendo em vista a legislação ou a natureza mesma do ato, tal motivação vincula a Administração: é a aplicação da *teoria dos motivos determinantes*, segundo a qual os motivos integram a validade do ato – uma vez enunciados, se acaso forem infundados, inverídicos, isto será causa de nulidade do ato. Aliás, como acentua Weida Zancaner, essa teoria "está a demons-

---

75. Ob. cit., p. 209.
76. Pietro Virga, ob. cit., p. 210.
77. O autor, quanto a tais atos, expõe o que deve indicar a motivação; para ele, "la motivazione deve indicare non solo il criterio di massima adottato, ma anche l'applicazione, che si è fatta di tale criterio di massima al caso particolare. Allorchè la escelta si muove nell'ambito di un massimo e di un minimo, non è necessario però dare contezza del perchè si è adottato un determinato punteggio (...)" (ob. cit., p. 214, nota 152).
    Discordamos do autor quanto ao último aspecto, pois o conhecimento do motivo de haver sido adotada determinada pontuação, considerando-se o máximo e o mínimo, justifica a escolha feita pelo agente público e permite a adoção de medidas administrativas e judiciais pelo interessado.

trar que o administrador se vincula ao motivo por ele elencado, o que mostra que o refazimento, com efeito retroativo, do ato eivado por essa espécie de vício é impossível".[78]

2.3.5.4.7 Sanções administrativas; outras considerações – Especificamente quanto às sanções administrativas, como visto, a lei exige seja motivado o ato; e, mesmo que assim não fosse, pela própria natureza do ato (punitivo) a motivação torna-se imperiosa, imprescindível para a demonstração do acerto do agente público ao punir o administrado.

2.3.5.5 Princípios da impessoalidade e da igualdade:

2.3.5.5.1 Noção e distinção: Lucia Valle Figueiredo – O agente público deve atender ao interesse público plasmado na lei; sua conduta deve visar ao atendimento do fim legal. A lei estabelece, autoriza, sua ação, limitando-a nos aspectos formais e materiais, de forma e de substância. Por evidência, ao estabelecer regras para serem concretizadas pelo administrador, a lei deseja o cumprimento do que fora estabelecido, igualitariamente, sem favoritismos ou perseguições de qualquer ordem. Segue-se não poder o agente público ter em conta a amizade ou inimizade dos administrados, com base nas quais o ato seria ilegítimo, devido ao não-cumprimento da lei.

Em outras palavras: pelo princípio da impessoalidade a Administração deve atuar sem levar em conta aspectos pessoais dos administrados, no sentido de favoritismos ou perseguições. Mas não significa o impedimento da averiguação de aspectos pessoais em vista dos quais a Administração, visando ao interesse público, atua desta ou daquela maneira – por exemplo, aplica uma sanção ao ilícito cometido pelo administrado. Assim, o servidor que costumeiramente falta ao serviço, o estabelecimento comercial que sempre polui, o bar situado na estrada em que por diversas vezes se constata estar sendo vendidas bebidas alcoólicas, e outros do gênero, são fortes elementos, merecedores de análise pelo agente público ao aplicar a pena acima do mínimo legal. Na verdade, o aspecto pessoal é fator importante para ser levado em

---

78. *Da Convalidação e da Invalidação dos Atos Administrativos*, 2ª ed., 3ª tir., p. 74. A autora reporta-se à impossibilidade de convalidar o ato administrativo (convalidação é a elaboração de novo ato, com efeitos retroativos, expungido dos vícios que o maculavam, a fim de resguardar os efeitos produzidos por ele) por vício no motivo, no pressuposto de fato do ato.

conta na aplicação das sanções administrativas, o que não se confunde com favoritismos ou perseguições de cunho político.

Segundo Lucia Figueiredo: "A impessoalidade caracteriza-se, pois, na atividade administrativa, pela valoração objetiva dos interesses públicos e privados envolvidos na relação jurídica a se formar, independentemente de qualquer interesse político".[79]

Importantes considerações foram feitas pela insigne Professora acerca da distinção entre "impessoalidade" e "igualdade" e o enfoque dado à primeira. Acentua a jurista:

"A impessoalidade pode levar à igualdade, mas com ela não se confunde.

"É possível haver tratamento igual a determinado grupo (que estaria satisfazendo o princípio da igualdade); porém, se ditado por conveniências pessoais do grupo e/ou do administrador, estará infringindo a impessoalidade.

"É verdade que estão próximos os princípios, mas certamente não se confundem.

"A impessoalidade implica, refrise-se, o estabelecimento de regra de agir objetiva para o administrador, em todos os casos. Assim, como exemplo curial, em nomeações para determinado cargo em comissão, os critérios da escolha devem ser técnicos, e não de favoritismos ou ódios. Não pode a nomeação ser prêmio atribuído ao nomeado, como, também, não pode haver impedimento a nomeações por idiossincrasias."[80]

Tanto o art. 37, *caput*, da Constituição da República quanto o art. 2º da Lei 9.784, de 29.1.1999, tratam do tema. Especificamente, o último dos dispositivos invocados estabelece os critérios que devem ser seguidos pela Administração, entre os quais o "atendimento a fins de interesse geral, vedada a renúncia total ou parcial de poderes ou competências, salvo autorização legal" (inciso II); e "objetividade no atendimento do interesse público, vedada promoção pessoal de agentes ou autoridades" (inciso III).

O referido princípio tem especial importância no dia-a-dia da Administração Pública, na relação com os particulares, sobretudo quanto à realização de concurso público (art. 37, I, da CF de 1988) e

79. *Curso* ..., cit., p. 62.
80. Lucia Valle Figueiredo, ibidem.

de licitação (art. 37, XXI, da CF de 1988) e, evidentemente, nas sanções administrativas, como frisado.

2.3.5.5.2 Princípio da igualdade:[81] Francisco Campos – Perpassando pelo princípio da igualdade, vamos nos valer dos preciosos ensinamentos de Francisco Campos. Este autor, em brilhantes passagens, com as quais estamos de pleno acordo, alinhou considerações notáveis acerca deste princípio basilar no ordenamento jurídico.[82] São suas palavras, marcantes: "Em relação à igualdade, porém, a Constituição não admite em caso algum qualquer derrogação legal ao princípio por ela estabelecido. Esse princípio ela o enuncia em termos absolutos ou plenários, com isto manifestando a intenção de que ele se torne efetivo em toda a latitude do seu sentido e em qualquer circunstância, seja qual for a situação ou a condição da pessoa, a natureza da coisa, a espécie da relação, o estado de fato que a lei pretenda reger. Não haverá condições à igualdade perante a lei. A lei será igual para todos e a todos se aplicará com igualdade. É um direito incondicional ou absoluto. Não tolera limitações, não admite exceção, seja qual for o motivo invocado; lei alguma, nenhum poder, nenhuma autoridade, poderá, direta ou indiretamente, de modo manifesto ou sub-reptício, mediante ação ou omissão, derrogar o princípio da igualdade".[83]

Compete ao Estado, assim, observar o princípio da igualdade na sua plenitude, quando faz a lei ou a aplica, no caso concreto. Logo, o referido princípio aplica-se aos três Poderes estatais: Executivo, Legislativo e Judiciário devem observá-lo integralmente.

Isto significa que o princípio da igualdade tem por destinatário, além dos aplicadores da lei (juiz e administrador), o legislador, o órgão estatal encarregado de fazê-la. São palavras do citado jurista: "Aliás, nos sistemas constitucionais do tipo do nosso não cabe qualquer dúvida quanto ao principal destinatário do princípio constitucional de igualdade perante a lei. O mandamento da Constituição se dirige particularmente ao legislador e, efetivamente, somente ele poderá ser o

---

81. Para maiores esclarecimentos v. a excelente obra de Celso Antônio Bandeira de Mello, *O Conteúdo Jurídico do Princípio da Igualdade*, 3ª ed., 9ª tir., São Paulo, Malheiros Editores, 2001.
82. Embora sob a égide da Constituição Federal de 1946, cujas normas, no ponto, assemelham-se às da Constituição atual.
83. *Direito Constitucional*, v. II, p. 14.

destinatário útil de tal mandamento. O executor da lei já está, necessariamente, obrigado a aplicá-la de acordo com os critérios constantes da própria lei. Se esta, para valer, está adscrita a se conformar ao princípio da igualdade, o critério da igualdade resultará obrigatório para o executor da lei pelo simples fato de que a lei o obriga a executá-la com fidelidade ou respeito aos critérios por ela mesma estabelecidos".[84]

Segue-se, portanto, a obrigatoriedade de o legislador adotar o princípio da igualdade ao elaborar as leis; aliás, o princípio do devido processo legal, o qual é considerado limite constitucional ao poder estatal, tem a mesma compreensão, como ensina Francisco Campos ao mencionar a Constituição dos Estados Unidos e a jurisprudência torrencial daquele país: "A cláusula relativa ao *due processo of law* tem sido interpretada, sem discrepância, como incluindo a proibição ao Poder Legislativo de editar leis discriminatórias, ou em que sejam negócios, coisas ou pessoas tratados com desigualdade em pontos sobre os quais não haja entre eles diferenças razoáveis ou que exijam, por sua natureza, medidas singulares ou diferenciais. A lei não poderá discriminar senão quando haja fundadas razões de fato que indiquem a existência de diferenças reais. Ora, onde a discriminação já é um dado de fato, a lei que reconhece a diferença, para tratar cada caso de acordo com a sua natureza específica, não está, efetivamente, discriminando. Quando, porém, a lei discrimina pessoas, fatos negócios, ou atos, entre os quais existe identidade ou igualdade de condições gerais, por pertencerem a uma mesma classe, categoria ou ordem, a lei está discriminando contra a proibição constitucional".[85]

Especificamente quanto à distinção feita pela doutrina entre "igualdade perante a lei" (medida ditada às autoridades para se orientarem na aplicação das disposições legais) e "igualdade da lei" (critério que a Constituição dá ao legislador para formular as leis), embora correta sob o prisma técnico, pois se cuida de duas situações distintas, inconfundíveis, segundo o autor, "são variantes verbais do mesmo pensamento". Prossegue Francisco Campos: "Se, com efeito, todos são iguais perante a lei, é necessário que a lei a todos trate com igualdade, ou que o legislador adote na formulação da lei o critério de regular com igualdade ou de maneira igual para todos o que é comum de todos. Se a lei, ao contrário, regula de modo desigual o que deve

---

84. Francisco Campos, ob. cit., v. II, p. 18.
85. Idem, v. II, p. 20.

ser tratado com igualdade, não poderá haver igualdade perante a lei, ou na fase da sua aplicação, pois, no caso, o que a lei quis, precisamente, foi discriminar de modo efetivo, ou pela sua aplicação, entre situações na realidade idênticas, iguais, da mesma classe ou da mesma natureza. Assim, para que haja 'igualdade *perante* a lei' é necessário que haja 'igualdade *da* lei', e só no caso de haver 'igualdade *perante* a lei' é que haverá, necessariamente, 'igualdade *da* lei'. Em um e em outro caso, tanto na primeira como na segunda expressão, o que se enuncia é o pensamento de que a lei é igual para todos ou que o legislador não deverá aplicar às mesmas coisas ou às mesmas pessoas sistemas diferentes de peso ou de medida".[86]

2.3.5.6 Princípio da publicidade:

2.3.5.6.1 Significado e extensão – A Administração Pública não atua escondida, oculta; antes, a transparência é própria de uma Administração proba, coerente, de acordo com os princípios democráticos descritos no art. 1º da Constituição Brasileira. Como o povo detém o poder, através de seus representantes, estes devem prestar as informações necessárias àquele, a fim de demonstrarem ter agido em benefício da sociedade, do interesse público. Logo, referido princípio decorre do regime democrático de direito.

Significa, numa palavra, a necessidade de divulgar atos da Administração.[87] Evidentemente, tal não permite concluirmos ser imprescindível a publicação de todos os atos administrativos. Alguns deles são de interesse apenas de determinados círculos da Administração, como as instruções e circulares destinadas aos servidores de determinados órgãos públicos. Porém, se deles resultarem deveres ou direitos aos administrados, ou seja, se estes foram alcançados por elas, a divulgação torna-se necessária, nem sempre mediante a publicação de tais atos, mas, de acordo com a finalidade pública, por intermédio da afixação em local adequado, de conhecimento público. Assim, se o ato administrativo determina aos usuários da biblioteca pública regras a serem seguidas, sob cominação de sanções específicas, a sin-

---

86. Ob. cit., v. II, p. 30.
87. Cumpre mencionar o art. 2º, parágrafo único, da Lei federal 9.784, de 1999, já citada, segundo o qual entre os critérios a serem seguidos pela Administração está a "divulgação oficial dos atos administrativos, ressalvadas as hipóteses de sigilo previstas na Constituição".

gela afixação dele no lugar de costume é suficiente ao atendimento do fim a que se propôs o ato.

De outro lado, em situações determinadas a lei estabelece a ampla divulgação de atos administrativos, como na hipótese de editais de privatizações de empresas estatais e outras: ora, evidentemente, para dar acolhida à norma legal deve haver publicação dos editais er ı jornais de grande circulação (nacional), a fim de acomodar o princípio da publicidade nos seus exatos termos legais. O mesmo ocorre com as sanções administrativas. Se houver necessidade de divulgação delas, a fim de atingir grande número de administrados, ela deve ser a mais ampla possível, conforme estabelecido na lei. Isto também atende à prevenção de sua aplicação.

2.3.5.6.2 Informações – Na hipótese de aplicação da sanção a determinado administrado, ou mesmo a servidor público, o princípio da publicidade não impede a informação a quem solicitá-la, porquanto a intimidade, a vida privada da pessoa, cede diante de um interesse público maior – o de respeito à coisa pública –, e todos os cidadãos têm direito de ter conhecimento das ações do Estado, inclusive as que punam seus agentes infratores ou os administrados causadores de atos ilícitos. Em suma, salvo a hipótese de sigilo por segurança nacional, em tema de aplicação de sanções administrativas vige o princípio da mais ampla publicidade; todos os interessados podem ter conhecimento da punição imposta pelo Poder Público.[88]

Esclarece Maria Sylvia Di Pietro: "(...) pode ocorrer que, em certas circunstâncias, o interesse público esteja em conflito com o direito à intimidade, hipótese em que aquele deve prevalecer em detrimento deste, pela aplicação da supremacia do interesse público sobre o individual".[89]

De outro lado, na hipótese de processo administrativo, disciplinar, tributário, ou outro qualquer, o princípio da publicidade vige na sua essência; o art. 5º, LX, da Constituição Federal, porém, ao mencionar a "garantia do sigilo dos atos processuais quando necessário à defesa da intimidade e proteção do interesse social", restringe o alcance daquele princípio basilar.[90] Mas uma vez perfeccionado o

---

88. Cf. art. 5º, XXXIII, da Constituição Federal de 1988 e art. 2º, V, da Lei 9.784, de 1999.
89. *Direito Administrativo*, cit., p. 75.
90. Para esclarecimentos, v. Romeu Felipe Bacelar Filho, *Princípios Constitucionais do Processo Administrativo Disciplinar*, pp. 183-185.

processo, com o resultado dele, vigora em toda plenitude o princípio da publicidade, e o Poder Público deverá dar as informações solicitadas por outrem, nos termos constitucionais.[91]

2.3.5.6.3 Eficácia do ato – A publicação de atos administrativos, incluídos os punitivos, é requisito da eficácia do ato. Não se confundem *perfeição*, *validade* e *eficácia*, conforme ensinamentos de Celso Antônio Bandeira de Mello:

"12. O ato administrativo é *perfeito* quando esgotadas as fases necessárias à sua produção. Portanto, ato perfeito é o que completou o ciclo necessário à sua formação. Perfeição, pois, é a situação do ato cujo processo está concluído.

"13. O ato administrativo é *válido* quando foi expedido em absoluta conformidade com as exigências do sistema normativo. Vale dizer, quando se encontra adequado aos requisitos estabelecidos pela ordem jurídica. Validade, por isto, é a adequação do ato às exigências normativas.

"14. O ato administrativo é *eficaz* quando está disponível para produção de seus efeitos próprios; ou seja, quando o desencadear de seus efeitos típicos não se encontra dependente de qualquer evento posterior, como uma condição suspensiva, termo inicial ou ato controlador a cargo de outra autoridade."[92]

Exemplifica o autor: próprio do ato de nomeação a habilitação de alguém a assumir um cargo; típico do ato de demissão, desligar funcionário do serviço público.[93]

Sendo planos distintos, distintas são suas conseqüências. Esgotadas as operações necessárias para a existência jurídica do ato (perfeição), estando ele de acordo com o ordenamento jurídico (validade), pode ocorrer a necessidade de "providências instrumentais ou de eventos futuros, o que faz permaneça em estado de pendência, enquanto não se verifiquem, e mesmo requer atividade administrativa material da sua execução"[94] (eficácia).

A eficácia do ato, portanto, depende, para obrigar terceiros, de que estes tenham conhecimento dele, por meio de comunicação ou

---

91. Cf. art. 5º, XIV e XXXIII, da Constituição Federal de 1988.
92. *Curso* ..., cit., p. 345.
93. Idem, p. 346.
94. Oswaldo Aranha Bandeira de Mello, ob. cit., v. I, p. 534.

publicação, de acordo com o ordenamento jurídico. Porém, "com referência à Administração Pública, já na sua emissão pode produzir efeitos jurídicos, pois não ignora os próprios atos".[95]

Interessante notar, com Olguín Juarez,[96] que a eficácia é pressuposto da executoriedade, pois a Administração não pode cumprir um ato sem que esteja apto a produzir todos os seus efeitos. A executoriedade pode provocar, aliás, a cessação normal da eficácia do ato administrativo, porque, ao cumpri-lo, em muitos casos, esgotam-se seus *efeitos*. O jurista chileno exemplifica com o fato de a autoridade decretar a demolição de uma casa que ameace ruína. O ato torna-se eficaz a partir do momento em que ocorre a notificação do proprietário. Uma vez demolida a casa (executoriedade), esgotam-se os efeitos do ato, e, assim, cessa sua eficácia, sua aptidão para surtir as conseqüências de direito. E o ato, uma vez alcançado seu propósito, morre.

Na multa imposta em virtude do não-cumprimento das normas legais de higiene e salubridade públicas, uma vez ocorrida a notificação a quem de direito, na forma da lei, o ato torna-se eficaz. Se não for paga a multa arbitrada pela autoridade, apesar da notificação, observado o processo administrativo respectivo, com os recursos a ele inerentes, ela será, depois, cobrada judicialmente, na forma da lei, pois o Poder Público não pode despojar os valores e os bens dos administrados para o recebimento de créditos decorrentes de ressarcimentos ou de infrações administrativas. Deve socorrer-se do Judiciário.

2.3.6 Controle jurisdicional dos atos administrativos

2.3.6.1 Definitividade das decisões dos juízes – No Brasil, ao contrário de alguns países, como França e Portugal, entre outros, não temos o contencioso administrativo, pelo qual a própria Administração resolve seus conflitos com os particulares, por intermédio de órgãos administrativos especialmente qualificados a esta tarefa. Em face da Constituição Federal[97] não há possibilidade de termos referido tribunal administrativo, com função de definitividade de suas decisões, tendo em vista ser possível, sempre, socorrer-se do Poder

---

95. Oswaldo Aranha Bandeira de Mello, ob. cit., v. I, p. 535.
96. *Extinción de los Actos Administrativos – Revocación, Invalidación y Decaimiento*, p. 24.
97. Art. 5º, XXXV: "a lei não excluirá da apreciação do Poder Judiciário lesão ou ameaça a direito".

Judiciário na hipótese de lesão ou ameaça de lesão a direitos dos administrados.

2.3.6.2 Extensão do controle – Há sempre, contudo, uma tênue diferença na apreciação dos atos do Poder Executivo por parte do Poder Judiciário. Cumpre aos magistrados atuar de maneira a cumprir as normas estabelecidas no ordenamento jurídico, fiscalizando os demais Poderes da República, e não interferir na função específica e própria dos Poderes fiscalizados, sob pena de invasão dela, ocorrendo inconstitucionalidade, por força do art. 2º da Constituição da República.

A título de exemplo, se a Administração penaliza determinado administrado ou servidor público de forma excessiva e desproporcional, cumpre ao juiz não substituir o agente público, e aplicar a sanção que entenda correta, mas simplesmente anulá-la; exceto se, no caso concreto, for possível estancar o excesso, como quando o fiscal de vigilância sanitária apreende produtos vencidos e fora dos parâmetros legais quando, na verdade, apenas alguns estariam com tais defeitos. Aqui, o magistrado, em vez de nulificar totalmente o ato administrativo, declara-o parcialmente ilegítimo, liberando os produtos apreendidos de forma ilegal.

Neste campo, o juiz pode verificar se a infração teve conexão lógica com a sanção aplicada; se houve abuso da autoridade administrativa ao aplicá-la, apenando o administrado acima do mínimo legal sem qualquer motivo objetivo a justificar a medida mais gravosa. Enfim, decidir pela legalidade da conduta do agente público, isto é, ter em conta os parâmetros normativos do agir da Administração.

Em outro dizer: o agente público deve cumprir fielmente a lei. Neste desiderato, se, diante do caso concreto, outra era a sanção a ser imposta por ele, mesmo no caso de poder escolhê-la, como lhe faculta a lei, o juiz deverá cumprir o que determina o ordenamento jurídico: anular o ato administrativo punitivo, ante o não-cumprimento da lei. Porém, se não for possível ao magistrado, no caso submetido a julgamento, verificar qual seria a sanção correta, prevalece o campo da discricionariedade administrativa, isto é, a escolha feita pelo agente público, e o juiz não poderá anulá-la.

De outro lado, quando a lei prevê certo tipo de sanção administrativa – fixa, sem qualquer estipulação de máximo e de mínimo, correspondente a determinado ilícito perpetrado pelo administrado ou pelo servidor público –, se a Administração aplicou aquela sanção prevista legalmente não ocorrerá qualquer violação da lei, em tese, porque se cuida de ato administrativo vinculado – ou seja, o agente público deve apenar o transgressor da norma jurídica, como determina a lei, com a única punição possível, excetuados os casos de desvio de finalidade e de a norma legal que cominou a sanção, abstratamente considerada, ser desproporcional em razão de outros valores igualmente cominados com sanções menores, caso em que se aplica a pena menor.

Na última hipótese estamos diante de uma lei ou norma administrativa (abstrata) irrazoável, desproporcional, em relação à qual vige em toda plenitude o princípio do devido processo legal, sob o aspecto material, além do princípio da igualdade, antes referido: "Já referia Canotilho, na *Constituição Dirigente*, que a chamada discricionariedade do Legislativo tem de ser aferida diante dos princípios constitucionais. Não é o legislador livre. Tem de respeitar os princípios constitucionais, ainda que implícitos. Tudo que estiver na Constituição como vetor terá de ser respeitado pelo legislador, a fim de que a lei possa ser considerada constitucional, para que haja 'igualdade na lei'".[98]

Isto porque, para a ilustre professora, igualdade na lei e igualdade perante a lei não são a mesma coisa: "Deveras, *igualdade na lei* e *igualdade perante a lei* são coisas diferentes. O aplicador poderá, ao aplicar a lei, estar aplicando-a igualmente, estar aplicando a lei sem discriminações, mas poderá, ao aplicar a lei, estar violando o texto constitucional, na medida em que a lei tem de ser aferida pelas normas e princípios da Constituição".[99]

De conseguinte, o juiz, ao perceber que a lei discriminou fatos, situações ou pessoas, arbitrariamente, ferindo princípios constitucionais, poderá nulificar o ato que culminou na sanção administrativa ao infrator.

2.3.7 Princípio da moralidade administrativa

2.3.7.1 Decorrência da função pública e do dever de boa administração – O princípio da moralidade administrativa encontra fundamento normativo no art. 37, *caput*, da Constituição Brasileira e no art.

---

98. *Apud* Lucia Valle Figueiredo, *Curso* ..., cit., p. 49.
99. Idem, p. 49.

2º da citada Lei federal 9.784, de 29.1.1999. Trata-se de princípio constitucional expresso, isto é, alçado ao nível jurídico pela Constituição Federal – embora decorra, na verdade, da própria atuação do servidor público, o qual, conforme dissemos, atua numa função pública, buscando o interesse da coletividade, numa relação "dever/ poder". Se o agente público serve o povo, é serviente da lei e do interesse público – portanto, almeja o interesse público primário a que alude a doutrina italiana –, o princípio da moralidade administrativa é pressuposto de seu agir, é condição do exercício de seu mister. Ao cumprir a lei o agente público deve tomar as providências que o caso concreto requer, mas de acordo com "padrões éticos de probidade, decoro e boa-fé", na feliz expressão do art. 2º, parágrafo único, da Lei 9.784, de 1999. Hoje sua proteção encontra-se regulada na lei da Ação Civil Pública,[100] na lei da Ação Popular[101] e na Lei de Improbidade Administrativa.[102]

Além do mais, o princípio da moralidade administrativa significa o "dever de boa administração" – veja-se: *dever*, mesmo. Partindo da premissa, conforme vimos, de que o agente público se encontra numa função e esta tem por conteúdo um dever, por visar ao interesse de outrem, e não de quem a exerce, a conclusão não pode ser outra senão a de que há o *dever* de boa administração. Como o agente público deve cumprir a lei, o dever de boa administração significa atendê-la, quer sob o aspecto formal, quer na sua substância e, em especial, no seu fim. Sob este perfil, confunde-se com o princípio da eficiência.

2.3.7.2 E o desvio de finalidade: retomada do tema – O desvio da finalidade, antes mencionado, reporta-se ao fato de o agente público não atuar de modo a visar ao interesse público; ou ante a aplicação da lei de forma a não atingir o fim específico dela, uma verdadeira aplicação incorreta da norma legal, por não corresponder ao fim específico, que é seu elemento. Mas na ocorrência do desvio de poder ou de finalidade prescinde-se da intenção do agente público, porque decorre da simples objetividade de que não cumpriu o desiderato legal; isto é, o desvio de poder constitui vício de natureza objetiva. Os

---

100. Cf. art. 129, III, da Constituição Federal de 1988 e Lei 7.347, de 1985.
101. Cf. art. 5º, LXXIII, da Constituição Federal de 1988 e Lei 4.717, de 1965.
102. Cf. art. 37, *caput* e § 4º, da Constituição Federal de 1988 e Lei 8.429, de 1992.

móveis, os elementos subjetivos, não se tornam necessários para a declaração de nulidade do ato administrativo por desvio de finalidade. Porém, se, a par de não cumprir a norma legal, como demonstrado acima, igualmente atuar com intenção de agir daquela forma, desprezando os padrões éticos de decoro, de boa-fé, com maior razão haverá a nulidade do ato.

A respeito, após explanar os ensinamentos de Celso Antônio Bandeira de Mello quanto ao vício objetivo do desvio da finalidade, acentua Têmis Timberger: "Apesar da lógica dos argumentos, evidentemente, quando há o propósito deliberado de descumprimento à lei, a prática do ato se reveste de maior gravidade do que quando inexistiu o desiderato de violação. Assim, constituem-se em hipóteses diversas que caberá ao Judiciário valorar frente aos casos concretos. É claro que, se tivesse de haver prova da desobediência deliberada, em muito enfraqueceria a possibilidade de sanção, já que sempre seria alegado o desconhecimento da lei ou outra hipótese".[103]

2.3.7.3 Elemento objetivo – À caracterização da moralidade administrativa, porém, segundo pensamos, não se faz necessária, assim como no desvio de poder ou de finalidade, a prova da intenção do agente; devemos encará-la objetivamente. A providência tomada pela Administração já indica, de logo, ter havido imoralidade ou moralidade. Ensina Maria Sylvia Di Pietro:

"O princípio da moralidade tem utilidade na medida em que diz respeito aos próprios meios de ação escolhidos pela Administração Pública. Muito mais do que em qualquer outro elemento do ato administrativo, a moral é identificável no seu *objeto* ou *conteúdo*, ou seja, no efeito jurídico imediato que o ato produz e que, na realidade, expressa o meio de atuação pelo qual opta a Administração para atingir cada uma de suas finalidades. (...).

"Não é preciso penetrar na intenção do agente, porque do próprio objeto resulta a imoralidade. Isto ocorre quando o conteúdo de determinado ato contrariar o senso comum de honestidade, retidão, equilíbrio, justiça, respeito à dignidade do ser humano, à boa-fé, ao trabalho, à ética das instituições. A moralidade exige proporcionalidade entre os meios e os fins a atingir; entre os sacrifícios impostos à cole-

---

103. *Atos da Administração Lesivos ao Patrimônio Público*, p. 128.

tividade e os benefícios por ela auferidos; entre as vantagens usufruídas pelas autoridades públicas e os encargos impostos à maioria dos cidadãos."[104]

A averiguação do móvel do agente, interesses subalternos, escusos, apenas poderá redundar numa sanção mais grave; para a análise do ato imoral, por si só, prescinde-se disto. A simples forma pela qual o agente atuou, o conteúdo do ato administrativo, já indicam, objetivamente, se o fez moral ou imoralmente.

2.3.8 Princípio da eficiência

2.3.8.1 Conteúdo incerto da palavra – Insculpido, entre nós, por intermédio da Reforma Administrativa, Emenda Constitucional n. 19, de 1998, o referido princípio constitucional, mencionado expressamente no art. 37, *caput*, da Constituição, não tem precisão terminológica – ou seja, trata-se de palavra com conteúdo indeterminado; melhor, termo de conteúdo variado, plurissignificativo. Aliás, encontra-se no sentido de eficácia, como esclarece Lucia Figueiredo: "Ao que nos parece, pretendeu o 'legislador' da Emenda 19 simplesmente dizer que a Administração deveria agir com eficácia. Todavia, o que podemos afirmar é que *sempre* a Administração deveria agir eficazmente. É isso o esperado dos administradores".[105]

Ainda acerca dele, anota Hely Lopes Meirelles: "O *princípio da eficiência* exige que a atividade administrativa seja exercida com presteza, perfeição e rendimento funcional. É o mais moderno princípio da função administrativa, que já não se contenta em ser desempenhada apenas com legalidade, exigindo resultados positivos para o serviço público e satisfatório atendimento das necessidades da comunidade e de seus membros".[106]

2.3.8.2 É o dever de boa administração – Trata-se do dever de boa administração, inerente no regime democrático de direito, adotado no país. Ora, o princípio da legalidade, apesar disso, deve ser respeitado. Quando se alude ao princípio da eficiência não se tem como olvidar do sistema normativo; antes, o cumprimento da lei,

---

104. *Discricionariedade* ..., cit., pp. 110-111.
105. *Curso* ..., cit., p. 63.
106. Ob. cit., p. 90.

sobretudo de sua finalidade, atende ao princípio da eficiência, pois ser eficiente é cumprir as determinações constitucionais e legais, e não, a pretexto de ser eficiente, rechaçar o sistema normativo. Com efeito, assinala Di Pietro: "Vale dizer que a eficiência é princípio que se soma aos demais princípios impostos à Administração, não podendo sobrepor-se a nenhum deles, especialmente ao da legalidade, sob pena de sérios riscos à segurança jurídica e ao próprio Estado de Direito".[107]

2.3.8.3 Não é o lucro – Não podemos confundir o princípio da eficiência com a eventual finalidade lucrativa do Estado, ou a busca do interesse público secundário.

O Estado deve almejar o lucro nos casos mencionados no art. 173 da Constituição Federal; isto é, a partir do momento em que atuar na atividade econômica, excepcionalmente, uma vez preenchidos os requisitos do dispositivo constitucional. Quanto à busca do interesse público secundário, embora presenciemos tal situação em nossos dias, em face de circunstâncias políticas e econômicas, talvez mais por causa daquelas do que destas, vem a pêlo remetermos aos comentários antes feitos, seguindo a lição de Renato Alessi. A sanção administrativa aplicada visando ao lucro ou ao aumento de receitas fere o princípio da eficiência, da finalidade, da moralidade. O interesse público secundário, ao contrário, pode ser almejado com as leis que imponham tributos aos cidadãos.

2.3.9 Princípio da segurança jurídica

2.3.9.1 Princípio geral de Direito – Este princípio é de suma importância no Brasil. Bastas vezes vemos planos governamentais, mirabolantes, modificando situações jurídicas já consolidadas no tempo e no espaço, sobretudo na ótica do direito tributário.[108]

Hoje tal princípio encontra-se normativamente inserido no art. 2º, *caput*, da Lei 9.784, de 29.1.1999; decorre, porém, do Estado Democrático de Direito. Na verdade, faz parte do sistema constitucional, pois trata-se de um dos princípios gerais de Direito: "Deveras, princípios gerais de Direito são vetores normativos *subjacentes* ao

---

107. *Direito Administrativo*, cit., p. 84.
108. V. Lucia Valle Figueiredo, *Estudos ...*, cit., pp. 78 e ss.

sistema jurídico-positivo, não porém como um dado externo, mas como *uma inerência da construção em que se corporifica o ordenamento*. É que os diversos institutos nele compreendidos – quando menos considerados em sua complexidade íntegra – revelam, nas respectivas composturas, a absorção dos valores substanciados nos sobreditos princípios".[109]

2.3.9.2 Extensão – A segurança jurídica liga-se à idéia de boa-fé, havendo autores, aliás, que realçam em princípio autônomo o "da confiança e da boa-fé", como faz Juarez Freitas. De acordo com ele, "apresenta tal relevo que merece tratamento à parte, não obstante ser manifesto resultado da junção dos princípios da moralidade e da segurança das relações jurídicas".[110]

A respeito, assinala Maria Sylvia Di Pietro: "A segurança jurídica tem muita relação com a idéia de respeito à boa-fé. Se a Administração adotou determinada interpretação como a correta e a aplicou a casos concretos, não pode depois vir a anular atos anteriores, sob o pretexto de que os mesmos foram praticados com base em errônea interpretação. Se o administrado teve reconhecido determinado direito com base em interpretação adotada em caráter uniforme para toda a Administração, é evidente que a sua boa-fé deve ser respeitada (...)".[111]

2.3.9.3 Sanções administrativas – Mesmo nas sanções administrativas o princípio da segurança jurídica torna-se importante limite ao Poder Público, como bem anotou Celso Antônio Bandeira de Mello: "Por força mesmo deste princípio (conjugadamente com os da presunção de legitimidade dos atos administrativos e da lealdade e boa-fé), firmou-se o correto entendimento de que orientações firmadas pela Administração em dada matéria não podem, *sem prévia e pública notícia*, ser modificadas em casos concretos para fins de sancionar, agravar a situação dos administrados ou denegar-lhes pretensões, de tal sorte que só se aplicam aos casos ocorridos depois de tal notícia".[112]

---

109. Celso Antônio Bandeira de Mello, *Curso* ..., cit., p. 93.
110. Juarez Freitas, *O Controle dos Atos Administrativos*, pp. 72-73.
111. *Direito Administrativo*, cit., p. 85.
112. *Curso* ..., cit., p. 94.

É que a Administração deve zelar pela estabilidade das relações sociais, proteger os cidadãos nas suas relações com o Estado: "Claro está que o princípio da legalidade é basilar para a atuação administrativa, mas, como se disse, encartados no ordenamento jurídico estão outros princípios que devem ser respeitados, ou por se referirem ao Direito como um todo, como, por exemplo, o princípio da segurança jurídica, ou por serem protetores do comum dos cidadãos, como, por exemplo, a boa-fé, princípio que também visa protegê-los quando de suas relações com o Estado".[113]

2.3.10 Princípios do devido processo legal e da ampla defesa

2.3.10.1 Generalidades – Trata-se de princípios de suma importância à garantia dos administrados contra abusos do Poder Público. Ambos estão estritamente correlacionados, a ponto de podermos dizer que o primeiro compreende o segundo; ou seja, quando se fala no devido processo legal, sem dúvida, referimo-nos também ao princípio da ampla defesa (no sentido amplo, incluindo o contraditório).[114]

A exigência de um processo regular, de acordo com o sistema normativo, observando-se o contraditório e a ampla defesa, constitui segurança para o administrado defender-se de eventuais penalizações; daí ter exposto Celso Antônio Bandeira de Mello: "Estão aí consagrados, [*o autor refere-se ao art. 5º, LIV e LV, da CF de 1988*] pois, a exigência de um *processo formal regular* para que sejam atingidas a liberdade e a propriedade de quem quer seja e a necessidade de que a Administração Pública, *antes de tomar decisões gravosas a um dado sujeito*, ofereça-lhe oportunidade de contraditório e ampla defesa, no que se inclui o direito a recorrer das decisões tomadas".[115]

---

113. Weida Zancaner, ob. cit., p. 60.
114. Lucia Valle Figueiredo, ao estudar o processo administrativo, inclui no devido processo legal: juiz natural, ou administrador competente, amplo contraditório, com suas ramificações (condição essencial para a decisão legal e justa, igualdade entre as partes, motivação das decisões), direito à produção de provas, verdade material ou princípio inquisitório, informalismo em favor do administrado, direito à revisibilidade (duplo grau), direito à ciência técnica, sindicância, direito ao silêncio, proibição da *reformatio in pejus*, direitos dos interessados (*Curso ...*, cit., pp. 419 e ss.).
115. *Curso ...*, cit., p. 85.

Com efeito, estabelece o art. 5º, LIV, da Constituição Federal: "ninguém será privado da liberdade ou de seus bens sem o devido processo legal".[116]

E o seguinte (art. 5º, LV): "aos litigantes, em processo judicial ou administrativo, e aos acusados em geral são assegurados o contraditório e a ampla defesa, com os meios e recursos a ela inerentes".[117]

2.3.10.2 Exigências inconstitucionais – Então, a exigência do depósito (total ou parcial, de tributos por não-recolhimento no prazo legal, ou de sanções administrativas, como a multa imposta por infração de trânsito) para a interposição de recurso na via administrativa ou judicial não se afeiçoa com o dispositivo, porque o gravame imposto, ainda pela lei, retira a ampla via de acesso recursal, protegida constitucionalmente; do mesmo modo, mitiga sobremaneira, e de forma irrazoável, o princípio do devido processo legal, pois *processo regular* significa o direito de interpor recursos às instâncias superiores sem barreiras impostas pelo legislador.

---

116. A Lei federal 9.784, de 1999, estabelece, no art. 2º, parágrafo único, VIII, a "observância das formalidades essenciais à garantia dos direitos dos administrados".
No art. 65:
"Os processos administrativos de que resultem sanções poderão ser revistos, a qualquer tempo, a pedido ou de ofício, quando surgirem fatos novos ou circunstâncias relevantes suscetíveis de justificar a inadequação da sanção aplicada.
"Parágrafo único. Da revisão do processo não poderá resultar agravamento da sanção."
117. A sempre lembrada Lei federal 9.784, de 1999, em diversos dispositivos enaltece o princípio do contraditório e da ampla defesa: garantia dos direitos à comunicação, à apresentação de alegações finais, à produção de provas e à interposição de recursos nos processos de que possam resultar sanções e nas situações de litígio (art. 2º, parágrafo único, X); dentre direitos do administrado, *(a)* ter ciência da tramitação dos processos administrativos em que tenha a condição de interessado, ter vista dos autos, obter cópias de documentos neles contidos e conhecer as decisões proferidas (art. 3º, II); *(b)* formular alegações e apresentar documentos antes da decisão, os quais serão objeto de consideração pelo órgão competente (art. 3º, III); *(c)* fazer-se assistir, facultativamente, por advogado, salvo quando obrigatória a representação, por força de lei (art. 3º, IV); *(d)* se a autoridade pública competente para apreciar o recurso administrativo for agravar a situação do recorrente, este deverá ser cientificado, para que formule suas alegações finais antes da decisão (art. 64, parágrafo único).

2.3.10.3 Medidas preventivas

– No entanto, ambas as garantias têm redução ou atenuação provisória no caso de urgência; quando houver, portanto, imprescindível medida a ser tomada pela autoridade administrativa, sem que haja tempo e condições de oportunizar o devido processo legal e o contraditório e ampla defesa ao administrado. São medidas cautelares, executadas pelo Poder Público em prol da coletividade, para protegê-la dos perigos e danos que lhe estão sendo causados ou em vias de sê-lo. Assim, a interdição provisória de uma fábrica que polui gravemente determinado local, a retirada de circulação de veículos sem condições de uso, o fechamento provisório de matadouro municipal que cause danos ao meio ambiente e à população ante o consumo da carne, e outras, constituem medidas tomadas pela Administração sem as quais a sociedade ficaria em perigo, decorrente de atos de alguns em detrimento dela. Após as medidas, urgentes e provisórias, proporciona-se ao administrado o devido processo legal.

Pode ocorrer, em alguns casos, de a medida tomada pelo administrador confundir-se com a sanção aplicada posteriormente, isto é, depois do processo que a originou. Nada disso, porém, retira o regime jurídico de um e de outro. No primeiro caso trata-se de medida urgente e provisória, acauteladora, a demandar atuação firme e necessária do Poder Público; no segundo está-se diante de sanção administrativa, após o regular processo administrativo que lhe deu efetivação. Constituem figuras distintas e recebem tratamento jurídico diferenciado. Nenhuma sanção poderá prescindir do contraditório e da ampla defesa – em suma, do devido processo legal; a medida acauteladora tem cunho nitidamente de estado de necessidade, e deve ser tomada pelo agente público quando presentes os pressupostos da urgência e não seja possível aguardar o pronunciamento da Administração somente após as formalidades do processo administrativo, ou a manifestação do administrado.

Repetimos: são medidas provisórias, coativas, aptas para repor a ordem social, proteger a população do excesso de alguns em detrimento da maioria. Contudo, após a cessação dos motivos que autorizaram a medida extrema restituem-se ao particular os direitos ou a situação jurídica anterior.[118]

---

118. Urge acentuar, na lição de Lucia Valle Figueiredo, a imprescindibilidade da nomeação de advogado, órgão técnico, a fim de garantir a efetiva igualdade de partes no processo administrativo:
"Se a parte 'acusada' da prática de infração administrativa ou disciplinar não se defender por advogado, deverá lhe ser nomeado defensor. (...)".

2.3.10.4 Extensão do conceito

Cumpre trazer à baila os ensinamentos de Lucia Valle Figueiredo:

"Inicialmente, os processualistas entendiam como cumprido o *due process of law* quando fosse cumprido o *due procedural process of law*. Em outro falar, o *procedimento do devido processo legal*. Cumprido, então, o *procedimento*, considerava-se cumprido o *due process of law*.

"Modernamente assim já não mais é, porque, conforme já dissemos, o *due process of law* passa a ter conteúdo também material, e não tão-somente formal – quer dizer, passa a ter duplo conteúdo: substancial e formal. Os processualistas da atualidade entendem que está contido, no *due processo of law*, conteúdo material. Somente respeitará o *due processo of law* a lei – e assim poderá ser aplicada pelo magistrado – se não agredir, não entrar em confronto, não entrar em testilha, com a Constituição, com seus valores fundamentais."[119]

Não podemos deixar de entrever a exigência de motivação dos atos dos agentes públicos como integrante do devido processo legal. Os princípios vigentes no processo administrativo são, entre outros, o da oficialidade e o da verdade material, como explica Lucia Valle Figueiredo.[120] Pelo primeiro o servidor público competente para decidir deve determinar o encaminhamento do processo administrativo independentemente da iniciativa da parte inicial; quanto ao segundo, pelo fato de estarmos diante de função administrativa – e função é relação de dever, aliás, como visto antes –, o administrador deve procurar a verdade no processo independentemente das provas que a parte tenha produzido, e dessa maneira, decidir pela realização de outras provas, necessárias ao deslinde da causa.

Ora, se o agente público deve agir de ofício e buscar a verdade material no processo administrativo, há imperiosa necessidade de motivação de seus atos, sob pena de ser inócua qualquer tentativa de cumprir o dever imposto na função administrativa.

"Mesmo que se trate de sindicância, e não de inquérito administrativo, é imprescindível a nomeação de defensor, *se dela resultar diretamente sanção* (...)" (*Curso* ..., cit., p. 425).

119. *Curso* ..., cit., pp. 418-419.

120. "Devido processo legal e fundamentação das decisões", *RDTributário* 63/214.

Além disso, a motivação torna-se necessária também para possibilitar ampla defesa no sentido material, no sentido de aplicação do devido processo legal.[121]

Agustín Gordillo destaca a importância do devido processo como garantia substantiva; resume-se como "garantía de razonabilidad de los actos estatales y privados dictados en ejercicio de funciones administrativas públicas".[122]

Vamos nos ater um pouco à lição do ilustre jurista platino, apesar de, no aspecto, o tema também caber no princípio da razoabilidade, visto anteriormente.

De acordo com o autor o campo de aplicação da razoabilidade foi primeiro o das leis, nos países que adotam o controle da constitucionalidade delas; depois passou a ser também o das sentenças judiciais arbitrárias; para, a final, chegar aos regulamentos e atos administrativos.

A garantia da razoabilidade alcança a norma geral ou particular, proveniente de qualquer órgão estatal. Todo ato estatal deve ter, basicamente:

"a) Sustento fáctico suficiente (o 'causa', 'motivo' etc., según distintas variantes y versiones en otros enfoques); lo cual supone, desde luego, que los hechos invocados sean ciertos, no sean nimios o insignificantes, estén suficientemente probados o acreditados, estén razonablemente apreciados; que no haya 'error de hecho'; que no haya falsa invocación de hechos; que no se ignoren o desconozcan hechos ciertos que hacen a la cuestión, etc.

"b) El fin perseguido debe ser proporcionado a los hechos que lo sustentan, debe ser una conclusión razonada de tales hechos, que no incurra en falacias formales o informales, ni caiga en soluciones exageradas, desmedidas, o despropósitos de cualquier naturaleza.

"c) Del mismo modo, los medios empleados deben ser congruentes y proporcionados tanto con el fin razonablemente perseguido como con los hechos ciertos y de entidad suficiente que los fundamentan."[123]

---

121. Lucia Valle Figueiredo, "Devido processo ...", cit., *RDTributário* 63/215. Conclui: "No Estado Democrático de Direito, a *motivação* integra, de maneira inarredável, ainda que possa não estar explícita, o *devido processo legal em seu sentido material*" (idem, p. 216).
122. *Tratado de Derecho Administrativo*, 5ª ed., t. I, p. VI-47.
123. Gordillo, ob. cit., t. I, p. VI-48.

Segundo Gordillo pelo princípio da razoabilidade a autoridade deve realizar, sempre, a análise dos fatos e "dedicarse a buscar activamente la solución más razonable posible a cada situación". São suas palavras: "Si existe alguna solución más razonable para un problema que aquella que ha escogido la Administración, con o sin sustento legal o reglamentario, esa solución más razonable es la que debe buscarse que impere judicialmente, por aplicación directa de la garantía constitucional del debido proceso en sentido sustantivo y adjetivo, por un principio de justicia natural o como derivación razonada de todos los principios generales del Derecho; o por aplicación del Tratado Interamericano de Derechos Humanos en cuanto recoge la misma garantía del debido proceso legal".[124]

---

124. Idem, t. I, p. VI-54.

III
INTERPRETAÇÃO E APLICAÇÃO DO DIREITO

1. Noções gerais: 1.1 Os particulares nas relações com a Administração; 1.2 A Administração Pública. Importância; 1.3 As palavras no direito administrativo: 1.3.1 Mudanças aparentes e não reais, efetivas; 1.4 Particularidades do direito administrativo: 1.4.1 Métodos idênticos aos do direito privado; 1.5 Interpretação e aplicação; 1.6 Hermenêutica; 1.7 Operação lógica: a interpretação; 1.8 Sentido e alcance da norma jurídica; 1.9 Lei clara?; 1.10 Kelsen e a moldura do Direito; 1.11 Subsunção; 1.12 A interpretação científica. 2. Técnicas de interpretação: 2.1 Técnica gramatical: 2.1.1 Generalidades; 2.1.2 Uso da linguagem: ensinamentos de Gordillo; 2.1.3 Ensinamentos de Cammeo; 2.2 Processo lógico: 2.2.1 Dedução e indução; 2.2.2 Divisão da Lógica; 2.2.3 No Brasil; 2.3 Processo sistemático: 2.3.1 Importância; 2.3.2 Método jurídico: Ferrara; 2.3.3 Especificidades no direito administrativo; 2.3.4 Gordillo e o método jurídico; 2.3.5 Conclusões quanto ao método; 2.4 A interpretação histórica: 2.4.1 O que é?; 2.4.2 Método "a posteriori"; 2.5 Processo teleológico: 2.5.1 O fim da lei; 2.5.2 Interpenetração com o processo sistemático. 3. Resultado da interpretação: 3.1 Efeitos da interpretação; 3.2 Exemplos no direito administrativo; 3.3 "Corrigir" os termos legais: 3.3.1 Interpretação restritiva; 3.3.2 Interpretação extensiva; 3.3.3 Exemplos; 3.4 Sanções administrativas. 4. Integração das leis: 4.1 A analogia: 4.1.1 Conceito; 4.1.2 Classificação; 4.1.3 Requisitos; 4.1.4 Aplicação, direito excepcional e especial; 4.1.5 Interpretação extensiva e analogia; 4.1.6 Conclusão sucinta; 4.1.7 Argumentos analógicos; 4.2 Princípios gerais do Direito: 4.2.1 Compreensão; 4.2.2 E analogia jurídica; 4.2.3 Exemplos; 4.2.4 Limitação; 4.2.5 Tipologia. Juan Carlos Cassagne; 4.2.6 No direito administrativo.

1. Noções gerais

1.1 Os particulares nas relações com a Administração

Além do juiz e do administrador público, os particulares interpretam e aplicam as normas jurídicas. Por exemplo, quando cumprem normas contidas no Código Civil brasileiro acerca da compra e venda – isto é, o contrato contém as regras estabelecidas na legislação. Na verdade, os particulares, para bem poderem agir em seus negócios privados, têm de interpretar e aplicar as normas jurídicas.

O mesmo ocorre quando estiverem na relação com a Administração Pública: os particulares interpretam as normas e as aplicam muitas vezes, como quando solicitam uma licença ao Estado. O insigne jurista italiano Cammeo explica: "Apesar de tudo, não se deve esquecer que a aplicação do direito objetivo é antes de tudo, na ordem de tempo se não de importância, realizada pelas partes nas diversas relações jurídicas, pois elas, encontrando-se numa relação concreta, nos casos duvidosos, são forçadas a fazer as mesmas operações lógicas que faz o juiz, para poder regular a sua conduta para melhor conformá-la ao Direito e prevenir os litígios".[1]

1.2 A Administração Pública. Importância

Notadamente, o administrador público interpreta a norma jurídica para poder aplicá-la; ele atua de ofício, de regra, porque a atuação estatal é aplicação da lei, de ofício. Aliás, a Administração Pública é parte nas relações; não está acima delas; antes, faz parte, integra-as: "Em direito administrativo ela [*a interpretação*] tem particular importância à aplicação do Direito realizada em cada relação jurídica concreta da Administração, como parte na relação mesma, para poder regular diante do cidadão a própria conduta (...)".[2]

No entanto, tal fenômeno é relevante, porque[3] *(a)* tem especial autoridade. De efeito, a interpretação e aplicação da Administração emanam de funcionários especialistas no Direito. Também ocorrem em face da defesa pelo cidadão de seus direitos diante do Poder Público, mediante pedido de retratação dirigido à mesma autoridade que decidiu o caso concreto ou por intermédio de recurso hierárquico, pedindo à autoridade superior que reveja o ato. Nestes casos a Administração atua como parte, sempre, porque é integrante da relação mesma, embora as garantias constitucionais devam ser conferidas ao particular, tais o contraditório, a ampla defesa, o devido processo legal etc.

---

1. *Corso di Diritto Amministrativo*, p. 222, ao fim da citação.
2. Federico Cammeo, ob. cit., p. 223.
3. Cf. Federico Cammeo, ob. cit., p. 223.

Acentua Cammeo: "De todo modo, ela [*a interpretação e aplicação*] tem sempre uma eficácia vinculante, por razões de política, de coerência lógica ou de eqüidade, para igualar casos futuros em extensão e em intensidade".[4]

Além da especial autoridade da interpretação e aplicação pela Administração, há *(b)* particular publicidade,[5] isto é, as declarações de vontade e os fatos materiais da Administração que contenham aplicação ou interpretação do Direito são conhecidos do povo. A própria necessidade de motivação dos atos administrativos, circundada de específico valor lógico, é mecanismo de aplicação e interpretação.

1.3 As palavras no direito administrativo

A interpretação tem especial relevo no direito administrativo ante a utilização, corrente, de expressões vagas, plurissignificativas, tais como "interesse público", "higiene", "salubridade", "ordem pública", "moral", "boa-fé", "bons costumes", "eficiência" – e outras. Não são ruídos; todos têm um significado, veiculam uma idéia. Também determinados termos – como "poder", "Estado", "função administrativa", "ato administrativo", "contrato administrativo", "sanções administrativas" etc. – conferem à interpretação uma feição mais peculiar, ligada a parâmetros publicistas, variáveis no tempo e no espaço, de acordo com o ordenamento jurídico de cada país, consoante a evolução de seu povo. É verdade que isto pode ocorrer também nos demais ramos do Direito; porém, força é convir a extrema transformação das normas no direito administrativo; sua evolução é mais acentuada, tem relevo em face das mudanças na ordem jurídica e, sobretudo, do Estado e de seu relacionamento com os administrados.

1.3.1 Mudanças aparentes e não reais, efetivas

Mas isto não significa a existência de mudanças aparentes, irreais, invólucros com a mesma substância; não. Torna-se importante verificarmos se a lei realmente institui novo instituto, com determinado regime jurídico, ou apenas "rejuvenesce" o mesmo objeto, com novo nome, porém o mesmo regime jurídico, o mesmo plexo de normas, a

4. Ob. cit., p. 223.
5. Cammeo, ibidem.

mesma substância. Aqui, estamos diante de institutos idênticos e as normas aplicáveis são as mesmas. É o que acontece com as fundações, as quais têm a mesma conotação e denotação das autarquias, regimes jurídicos idênticos. Uma sanção criada sob novo signo, porém com as mesmas características de outra qualquer, pode significar apenas a utilização, pelo legislador, de subterfúgio para agravar a situação dos administrados, uma vez tendo conhecimento de que o Judiciário já fulminou anterior ilegalidade ou inconstitucionalidade.

1.4 Particularidades do direito administrativo

Para bem interpretar a norma jurídico-administrativa urge ter em mente, a par dos aspectos já abordados, o regime jurídico-administrativo antes estudado, ou seja, os princípios norteadores do direito administrativo, dos quais descendem outros, igualmente importantes, a fim de que o intérprete obtenha um resultado justo e razoável. Ou – na feliz expressão de H. Berthélemy –, "para os administradores, uma autoridade mais forte e mais respeitada; para os administrados, liberdades mais amplas e melhores garantias".[6] Significa, numa palavra: a conciliação entre a ação eficaz dos serviços públicos e o respeito necessário das liberdades públicas.

É que o direito administrativo tem suas peculiaridades, conforme se viu; possui regras específicas, princípios que lhe são inerentes e não podem ser olvidados pelo cientista do Direito (e pelo administrador público). Basta verificarmos, além do que já se estudou, três características particulares que impossibilitam sua assimilação às outras disciplinas jurídicas, na lição do citado professor francês H. Berthélemy: a extrema diversidade de seu objeto, a grande mobilidade das suas disposições e a falta de codificação.[7] Aliás, na feliz expressão do mesmo professor, "os governantes não têm direitos; eles têm funções".[8] Por conseqüência, o intérprete deverá compreender os deveres do agente público, sua competência, vinculada à lei, bem como seus correlatos poderes, os quais são apenas instrumentais, consoante se assentou.

---

6. "Méthode applicable a l'étude du droit administratif", in Collège Libre des Sciences Sociales en 1910, *Les Méthodes Juridiques*, p. 84.
7. In ob. cit., p. 64.
8. In ob. cit., p. 74.

1.4.1 Métodos idênticos aos do direito privado

Apesar destas e outras variantes,[9] os métodos ou processos de interpretação no direito administrativo são os mesmos dos aplicados no Direito em geral:

"Uma coisa é certa, os princípios gerais, os fins, a eqüidade (...), a natureza dos objetos, a respectiva valoração dos interesses em jogo, são diversos em direito administrativo e em direito privado: isto é, a *ratio legis* é diversa nos dois direitos. De maneira que não é diverso o método, nem são diversos os resultados de interpretação, mas é diverso o significado, e, sobretudo aquele racional, das duas espécies de normação (...)."[10]

1.5 Interpretação e aplicação

Assim sendo, para a aplicação da norma jurídica pressupõe-se interpretá-la; a interpretação é pressuposto da aplicação, conforme os ensinamentos de Oswaldo Aranha Bandeira de Mello:

"A aplicação pressupõe sempre a interpretação. Mas a recíproca não é verdadeira, pois esta pode permanecer no puro plano da exegese, como obra de doutrina, ante a razão em que assentam os ensinamentos do intérprete sobre o sentido da lei, e a convicção com que os desenvolve, sem cogitação de qualquer caso concreto. (...).

"A aplicação da lei realiza-se através de um silogismo, do qual a lei é a premissa maior, a relação de fato é a premissa menor, e a aplicação concreta daquela nesta a conclusão (...)."[11]

Logo, há diferença entre interpretar e aplicar a norma jurídica. "Interpretar", na lição de Carlos Maximiliano, é "determinar o sentido e o alcance das expressões do Direito";[12] já a aplicação, no dizer do mesmo jurista, "consiste no enquadrar um caso concreto em a norma jurídica adequada".[13]

---

9. Como, por exemplo, os atos administrativos editados no exercício da competência discricionária (v. Hely Lopes Meirelles, *Direito Administrativo Brasileiro*, 26ª ed., p. 44).
10. Federico Cammeo, ob. cit., p. 242.
11. *Princípios Gerais de Direito Administrativo*, 1ª ed., v. I, p. 343.
12. *Hermenêutica e Aplicação do Direito*, 18ª ed., p. 1.
13. Idem, p. 6.

O insigne mestre do Direito explica:

"Para atingir, pois, o escopo de todo o direito objetivo é força examinar: a) a norma em sua essência, conteúdo e alcance (*quaestio juris*, no sentido estrito); b) o caso concreto e suas circunstâncias (*quaestio facti*); c) a adaptação do preceito à hipótese em apreço. (...).

"A adaptação de um preceito ao caso concreto pressupõe: a) a *crítica*, a fim de apurar a autenticidade e, em seguida, a constitucionalidade da lei, regulamento ou ato jurídico; b) a *interpretação*, a fim de descobrir o sentido e o alcance do texto; c) o suprimento das *lacunas*, com o auxílio da analogia e dos princípios gerais do Direito; d) o exame das questões possíveis sobre ab-rogação, ou simples derrogação de preceitos, bem como acerca da autoridade das disposições expressas, relativamente ao espaço e ao tempo."[14]

1.6 Hermenêutica

Alguns doutrinadores fazem, ainda, outra distinção; mencionam a Hermenêutica, ou seja, a "teoria relativa à apuração do sentido dos textos legais. Compreende a sistematização teórica dos princípios a serem utilizados na descoberta do significado dos textos legais".[15]

Com efeito, a Hermenêutica é a "teoria científica da arte de interpretar";[16] "tem por objetivo o estudo e a sistematização dos processos aplicáveis para determinar o sentido e o alcance das expressões do Direito".[17]

Ao passo que a interpretação é a "própria utilização dos processos adequados para tanto, valendo-se da orientação teórica, fornecida por aquela, na descoberta do pensamento que se enclausura na letra da lei".[18]

1.7 Operação lógica: a interpretação

Trata-se, portanto, de uma operação lógica, na expressão de José Hermano Saraiva: "Interpretar a lei é uma operação lógica que

---

14. Carlos Maximiliano, ob. cit., p. 8.
15. Oswaldo Aranha Bandeira de Mello, ob. cit., v. I, p. 342.
16. Carlos Maximiliano, ob. cit., p. 1.
17. Idem, ibidem.
18. Oswaldo Aranha Bandeira de Mello, ob. cit., v. I, p. 342.

consiste em, a partir das alterações da extensão, lhe verificar o grau de compreensão. Toda lei tem extensão e compreensão; aquela coincide com o respectivo campo de aplicação e é portanto variável. Esta reveste, como toda compreensão lógica, várias modalidades: *compreensão subjectiva* (é o sentido que o legislador atribuiu à lei), *compreensão implícita* (é o conjunto dos caracteres significativos dedutíveis por análise lógica) e *compreensão iminente* (é o conjunto das significações reveladas ou não reveladas do preceito, só descobríveis no seu progressivo confronto com a realidade). As duas primeiras modalidades de compreensão são constantes; a última é variável".[19]

1.8 Sentido e alcance da norma jurídica

Franco Montoro explica os elementos integrantes da interpretação; quanto à fixação do sentido, a norma jurídica, como "todo objeto cultural, possui uma 'significação', 'sentido' ou 'finalidade'. Por exemplo, a lei que estabelece a exigência de férias anuais remuneradas tem a finalidade de assegurar um descanso para a saúde física e mental do homem que trabalha. Este é o seu sentido (...)".[20]

Relativamente ao alcance da norma, aduz: "Duas leis com o mesmo sentido podem ter extensão ou alcance diferentes. O Estatuto dos Funcionários Públicos Federais e a Consolidação das Leis do Trabalho, por exemplo, ao estabelecer o preceito do descanso semanal remunerado, adotam normas que têm o mesmo 'sentido', mas 'alcance' ou extensão diferente. A primeira estende-se aos servidores públicos federais. A segunda, aos empregados das empresas. Outras leis, com o mesmo 'sentido', poderão 'estender-se' aos funcionários de determinado Estado ou Município".[21]

As sanções administrativas havidas para infrações de trânsito aplicam-se apenas aos ilícitos cometidos contra o bem jurídico por elas protegido. O mesmo ocorre com as relacionadas ao meio ambiente e outras. Algumas sanções são específicas dos servidores

---

19. *A Crise do Direito*, 1964, pp. 107 e ss., *apud* Marcello Caetano, *Manual de Direito Administrativo*, 10ª ed., 6ª tir., v. I, pp. 114-115.
20. *Introdução à Ciência do Direito*, 23ª ed., p. 370.
21. Franco Montoro, ibidem.

públicos – as disciplinares. Outras, aplicáveis apenas aos contratantes da Administração Pública, e assim por diante.

Carlos Maximiliano, ao criticar a escola de interpretação que se limita a jungir o Direito aos textos rígidos e aplicá-lo de acordo com a vontade do legislador, "há muito sepultada", conclui: "Da vontade primitiva, aparentemente criadora da norma, se deduziria, quando muito, o *sentido* desta, e não o respectivo *alcance*, jamais preestabelecido e difícil de prever".[22]

É que a norma jurídica, ao longo do tempo, diante das circunstâncias fáticas às quais ela é submetida, sofre interpretação vária. A vida sofre modificações constantes: o tempo e o lugar acompanham as mutações do homem e da sociedade.

Além do sentido e do alcance da norma jurídica, a interpretação tem por fim, igualmente, o conteúdo dela;[23] fornecer ao aplicador do Direito o sentido da norma, sua extensão e seu conteúdo. A indicação do conteúdo, na lição de Karl Engisch (*Introdução ao Pensamento Jurídico*, pp. 102 e ss., citado por Maria Helena Diniz), "é feita por meio de uma definição, ou seja, pela indicação das conotações conceituais (...)".[24]

1.9 Lei clara?

Mas toda norma jurídica, mesmo a que não demande termo equívoco, senão claro, precisa ser interpretada. Cuidando-se de proposição jurídica, conjunto de conceitos ou termos, a norma jurídica, mesmo quando, à primeira vista, seja clara e não deixe dúvidas ao intérprete, pode e deve ser interpretada. Aliás, a fim de sabermos se determinada palavra é clara ingressamos, necessariamente, na interpretação; somente após a interpretarmos poderemos dizer se ela é ou

---

22. Ob. cit., p. 44.
23. Carlos Maximiliano, ob. cit., p. 35.
24. Maria Helena Diniz, *Compêndio de Introdução à Ciência do Direito*, 8ª ed., p. 383. Assevera Franco Montoro: "Todo conceito tem sua compreensão e extensão. Compreensão ou conotação é o conjunto de notas constitutivas do conceito. Exemplo: o conceito de 'homem' inclui as notas de animal e racional. Extensão ou denotação é o conjunto de objetos ou seres a que se pode aplicar o conceito. Exemplo: conceito de 'homem' se estende a todos os seres humanos" (*Dos Conceitos em Geral*, "Os conceitos jurídicos", apostila do Curso de Pós-Graduação em Direito da PUC-SP, 1º semestre de 1997, p. 3).

não clara, evidente. Di-lo Carlos Maximiliano: "Que é lei clara? É aquela cujo sentido é expresso pela letra do texto. Para saber se isto acontece, é força procurar conhecer o sentido, isto é *interpretar*. A verificação da clareza, portanto, ao invés de dispensar a exegese, implica-a, pressupõe o uso preliminar da mesma. Para se concluir que não existe atrás de um texto claro uma intenção efetiva, desnaturada por expressões impróprias, é necessário realizar prévio labor interpretativo".[25]

O mesmo autor, algumas páginas antes, já havia assentado: "A palavra, quer considerada isoladamente, quer em combinação com outra para formar a norma jurídica, ostenta apenas rigidez ilusória, exterior. É por sua natureza elástica e dúctil, varia de significação com o transcorrer do tempo e a marcha da civilização. Tem, por isso, a vantagem de traduzir as realidades sucessivas. Possui, entretanto, os defeitos de suas qualidades; debaixo do invólucro fixo, inalterado, dissimula pensamentos diversos, infinitamente variegados e sem consistência real. Por fora o dizer preciso; por dentro, uma policromia de idéias".[26]

Francesco Ferrara, do mesmo modo, esclarece: "A inteligência dum texto pode sair mais ou menos fácil, e de resto a facilidade depende da pessoa que interpreta, mas isto não tira que a lei se apresente sempre como um texto rígido que deve ser reavivado e iluminado no seu sentido interior pela atividade interpretativa. Pelo contrário, as leis claras oferecem o perigo de serem entendidas apenas no sentido imediato que transluz dos seus dizeres, enquanto que tais normas podem ter um valor mais amplo e profundo que não resulta das suas palavras".[27]

Portanto, como as palavras são signos com os quais damos nomes às coisas, verdadeiras convenções humanas, têm significados claros ou obscuros; podem ser vistas, num primeiro momento, como perfeitamente adequadas ao objeto de que se cuida, mas também podem conferir dificuldades para designá-lo. Sempre é possível interpretá-las, sobretudo se considerarmos a evolução da sociedade, porque elas se inserem numa determinada civilização, em dado tempo e lugar; assim, são variáveis.

25. Ob. cit., p. 38.
26. Ob. cit., p. 16.
27. *Interpretação e Aplicação das Leis*, p. 22.

1.10 Kelsen e a moldura do Direito

Ao interpretar a ordem jurídica o cientista do Direito, o juiz, o promotor, o advogado, os agentes do Estado, os particulares, trazem, quase sempre, sua impressão pessoal; não há autômatos da lei. Por isso, Hans Kelsen acentua ser o Direito uma moldura dentro da qual existem várias possibilidades de aplicação. De efeito: "Se por 'interpretação' se entende a fixação por via cognoscitiva do sentido do objeto a interpretar, o resultado de uma interpretação jurídica somente pode ser a fixação da moldura que representa o Direito a interpretar e, conseqüentemente, o conhecimento das várias possibilidades que dentro desta moldura existem. Sendo assim, a interpretação de uma lei não deve necessariamente conduzir a uma única solução como sendo a única correta, mas possivelmente a várias soluções que – na medida em que apenas sejam aferidas pela lei a aplicar – têm igual valor (...)".[28]

Este parece ser, igualmente, o pensamento do citado jurista gaúcho Carlos Maximiliano: "A atividade do exegeta é uma só, na essência, embora desdobrada em uma infinidade de formas diferentes. Entretanto, não prevalece quanto a ela nenhum preceito absoluto: pratica o hermeneuta uma verdadeira arte, guiada cientificamente, porém jamais substituída pela própria ciência. Esta elabora as regras, traças as diretrizes, condiciona o esforço, metodiza as lucubrações; porém, não dispensa o coeficiente pessoal, o valor subjetivo; não reduz a um autômato o investigador esclarecido".[29]

1.11 Subsunção

A norma, como cediço, é abstrata. Por isso, pode ocorrer antagonismo com os fatos individuais do caso concreto; mas estes têm "nota

---

28. *Teoria Pura do Direito*, 5ª ed., p. 390. A respeito acentua Fábio Ulhoa Coelho: "Rejeita-se, com firmeza, a possibilidade de a ciência encontrar o sentido único da norma interpretanda. A Hermenêutica tradicional – chame-se assim – se reduz à discussão sobre o método exegético mais adequado para se alcançar a verdade contida na norma, algumas vertentes propondo a pesquisa dos fatores históricos, outras pressupondo a logicidade do sistema normativo etc. Kelsen desqualifica tal discussão. Todas as significações reunidas na moldura relativa à norma têm rigorosamente igual valor para a Ciência Jurídica. Quando o órgão aplicador do Direito opta por atribuir à norma interpretanda uma das significações emolduradas, não realiza ato de conhecimento, mas manifesta sua vontade" (*Para Entender Kelsen*, 2ª ed., p. 62).
29. Ob. cit., p. 11.

de tipicidade" que os faz enquadrar nos conceitos normativos.[30] É que a norma jurídica "movimenta-se" diante de um caso concreto, ao reger situação individual. Ocorre a *subsunção* – ou seja, o enquadramento do caso concreto à norma jurídica, mediante a qual verificam-se "a premissa menor, o fato; a premissa maior, a norma geral ou o conjunto de normas".[31]

Portanto, primeiro temos a interpretação das normas jurídicas; após, a subsunção, quando o fato concreto tem nota típica do quadro normativo, legal. Logo, para a subsunção é necessária a interpretação, a fim de "saber qual a norma que incide sobre o caso *sub judice*, ou melhor, para determinar a qualificação jurídica da matéria fática sobre a qual deve incidir uma norma geral (...)".[32]

1.12 A interpretação científica

Para poder interpretar o Direito cumpre termos mecanismos técnicos com os quais possamos lidar com as normas jurídicas de maneira ordenada, harmônica; são os processos ou técnicas que os cientistas do Direito utilizam para a interpretação jurídica. Em outras palavras, cuida-se de *interpretação científica*.

2. Técnicas de interpretação

Os processos interpretativos não têm hierarquia, pois, dependendo do complexo de normas a serem interpretadas, do instituto jurídico estudado, do regime jurídico verificado, teremos de nos socorrer deste ou daquele método. Não há exclusão, além do mais, de um ou de outro; todos têm sua importância. Embora – dependendo, como se frisou, do plexo de normas a serem interpretadas – tal ou qual processo possa levar a incongruências ou antinomias, ou a absurdos jurídi-

---

30. Maria Helena Diniz, ob. cit., p. 374.
31. Lucia Valle Figueiredo, *Curso de Direito Administrativo*, 5ª ed., p. 198.
32. Maria Helena Diniz, ob. cit., p. 377. A respeito da discricionariedade adverte Lucia Figueiredo: "No primeiro momento, *após a interpretação*, ter-se-á ainda de verificar a *subsunção*, e, portanto, só depois é que se vai colocar 'alguma' discricionariedade. Não se deveria dizer 'alguma', 'pouca', ou 'muita' discricionariedade, mas, só para que se tenha uma convenção de palavras, diria 'alguma' discricionariedade" (ob. cit., pp. 197-198 – grifos nossos).

cos, o que, de certo modo, reforça ainda mais a importância deles.[33] Mas o processo sistemático, por considerar todo o ordenamento jurídico ou, ao menos, as normas pertinentes a dado instituto, é o mais utilizado pelos intérpretes.

A Hermenêutica indica a forma pela qual a norma deva ser interpretada; ela traz elementos, processos, meios científicos, para o intérprete compreender o sentido, o alcance e o conteúdo da norma jurídica. A doutrina perfilha as seguintes técnicas de interpretação:[34]

2.1 Técnica gramatical

2.1.1 Generalidades

Também chamada "literal", "semântica" ou "filológica", a técnica gramatical funda-se na interpretação das palavras; examina-se o termo, o que ele exprime, busca-se a forma exterior do texto, as acepções várias das palavras: "Através do exame gramatical do texto, para buscar o sentido das palavras empregadas, ante a sua análise léxica e sintática, isto é, considerando-as isoladamente e nas frases que formam, e, segundo o seu significado técnico e a sua acepção comum, na linguagem do seu tempo, analisa-a sob o ponto de vista literal".[35]

Este processo de interpretação deve ser aplicado com reservas; é que pode levar a incongruências, absurdos jurídicos, tais como quando se transplantam dispositivos da legislação de um povo para o de outro;[36] ou quando se depara com palavras plurissignificativas

---

33. Na lição de Carlos Maximiliano: "*Deve o Direito ser interpretado inteligentemente*: não de modo que a ordem legal envolva um *absurdo*, prescreva inconveniências, vá ter a conclusões inconsistentes ou impossíveis (...)" (ob. cit., p. 166).
34. Esclarecemos não haver uniformidade doutrinária quanto à classificação das técnicas interpretativas no Direito; trazemos os pontos mais importantes e pertinentes.
35. Oswaldo Aranha Bandeira de Mello, ob. cit., v. I, p. 346.
36. Exemplo encontramos em Celso Antônio Bandeira de Mello a respeito da expressão francesa *faute du service*, quanto à responsabilidade estatal: "É muito provável que a causa deste equívoco, isto é, da suposição de que a responsabilidade pela *faute du service* seja responsabilidade objetiva, deva-se a uma defeituosa tradução da palavra *faute*. Seu significado corrente em Francês é o de culpa. Todavia, no Brasil, como de resto em alguns outros países, foi inadequadamente traduzida como 'falta' (ausência), o que traz ao espírito a idéia de algo objetivo" (*Curso de Direito Administrativo*, 13ª ed., p. 810).

– como "moral", "bons costumes", "boa-fé" e outras –, nas quais o intérprete deve estar atento às suas diversas acepções, diante do caso concreto, sobretudo havendo discricionariedade do agente público aplicador da norma. Isto não conduz à ausência de qualquer significado a expressões tais como "urgência", "relevância" e outras, contidas na ordem jurídica; ao contrário, estamos diante de termos que expressam uma realidade, têm um significado, sendo tarefa do intérprete buscá-lo. Vale dizer: ainda nos casos em que a lei se utilize de expressões vagas, imprecisas, com diversas conotações – repetimos –, mesmo nestes casos, ao intérprete compete interpretar a norma em face do ordenamento jurídico e aplicá-la diante do caso concreto.

As palavras não são ruídos, existem para ter algum efeito, alguma utilidade para os homens; todas expressam algo, um significado, conforme explica John Locke: "Portanto, alguns, [homens] não apenas crianças mas também adultos, falam várias palavras de maneira não diversa da dos papagaios apenas porque as aprenderam e foram acostumados a esses sons. Mas, na medida em que as palavras são de uso e significado, na medida em que há uma conexão constante entre o som e a idéia, e uma designação de que um significa a outra, sem isto a aplicação delas nada mais seria que ruído sem significado".[37] Logo, na mesma lição, "palavras, em seu significado primário e imediato, nada significam senão as idéias na mente de quem as usa (...)",[38] mas supõem "*sejam marcas de idéias na mente de outros homens também, com os quais se comunicam (...)*".[39]

2.1.2 Uso da linguagem: ensinamentos de Gordillo

Assim, o uso comum da linguagem, convencional, corrente, serve para transmitir ao ouvinte o significado da idéia; as palavras são veículos de transmissão de pensamentos, e têm importância fundamental na vida dos homens. Mas – adverte Gordillo, seguindo os ensinamentos de Hospers e Alf Ross: "Não existe nenhuma obrigação de ater-se ao uso comum, mas 'quando empregamos uma palavra de maneira distinta ao uso comum, devemos informar a nossos

---

37. *Ensaio acerca do Entendimento Humano*, Capítulo II, "O Significado das Palavras", p. 149.
38. John Locke, ob. cit., p. 148.
39. Idem, ibidem.

ouvintes acerca do significado que lhe damos. Inversamente, quando não informamos a nossos ouvintes o sentido em que estamos usando as palavras, eles têm todo o direito a considerar que as estamos usando em seu sentido convencional; em outras palavras, que seguimos o uso comum'".[40]

Aponta o mesmo autor platino a existência em todas as palavras de uma zona central, cujo significado é mais ou menos certo, e de uma zona exterior, na qual sua aplicação é menos usual. Neste caso deve-se verificar qual o contexto em que a palavra foi empregada por quem a utiliza, a expressão em que aparece e também as situações com as quais está em conexão.[41]

Ocorre não estar resolvido o problema no direito administrativo.[42] A zona periférica de incerteza, ampla, da palavra no direito administrativo (basta verificarmos expressões como "ato administrativo", "processo administrativo", "Poder Público", "poder regulamentar", "moral e bons costumes", "interesse público", "boa-fé", "eficiência", "higiene e salubridade públicas" etc.) conduz-nos à utilização de métodos específicos, próprios, no campo desse ramo do Direito.

Gordillo expõe: "(...) se torna por isso metodologicamente necessário tratar de estipular um campo de aplicação o mais preciso possível (nunca o será totalmente), para saber então qual é o campo de aplicação de um determinado *regime jurídico* e não outro (...)".[43]

E arremata: "Portanto, sobre a base da observação e a análise das particularidades do regime jurídico administrativo e sua aplicação estipularemos as definições e classificações que podem mais adequadamente explicar esse regime jurídico (...)".[44]

40. *Tratado de Derecho Administrativo*, 5ª ed., t. I, p. I-14.
41. Ob. cit., t. I, p. I-16.
42. H. Berthélemy, professor de Direito Administrativo da Faculdade de Direito da Universidade de Paris, ensina: "O direito administrativo, desde que nós penetremos nos detalhes e procuremos precisar-lhe o conteúdo, apresenta-se com três caracteres particulares, que tornam impossível sua assimilação às outras disciplinas jurídicas. Estes três caracteres são a extrema diversidade de seu objeto, a grande mobilidade das suas disposições e a falta de codificação" (ob. cit., p. 64 – trad. do autor).
43. Ob. cit., t. I, p. I-16.
44. Idem, t. I, p. I-17.

2.1.3 Ensinamentos de Cammeo

Como explica Cammeo, há necessidade da interpretação lógica:[45] "A interpretação gramatical deve atribuir às palavras o significado que elas têm tanto no uso vulgar quanto no uso jurídico, e em matéria administrativa no uso daquele círculo especial de pessoas, que são os administradores públicos, especialmente burocráticos. 'Provimento', 'concessão', 'vigilância', 'tutela', 'escola única' etc. são palavras que no uso vulgar e naquele jurídico-administrativo têm significado diverso: e se deve observar este último uso.

"O significado das palavras em uma lei não pode ser considerado isoladamente, mas segundo a sua conexão (...), e é esto o ponto de passagem entre a interpretação gramatical e a lógica, porque a conexão pode vir a atribuir a uma palavra, segundo a intenção racional, um significado mais amplo ou mais restrito que aquele que teria isoladamente."[46]

2.2 Processo lógico[47]

2.2.1 Dedução e indução

Pelo processo lógico emprestam-se da Lógica geral as regras tradicionais e precisas de raciocínio, como a dedução (partir do geral para o particular) e a indução (do particular para o geral).[48] A primeira, clássica, é utilizada sobretudo nos países que adotam o sistema

---

45. Quando o autor se refere ao processo lógico, seguindo a classificação de outros doutrinadores, engloba o sistemático, o histórico-evolutivo etc.
46. Ob. cit., p. 236.
47. Franco Montoro explica ser a Lógica o estudo da razão como instrumento de aquisição e progresso de nossos conhecimentos. Mas – segundo o Mestre – a palavra 'Lógica' é suscetível de duas significações principais: Lógica estritamente formal e Lógica como instrumento das ciências, incluindo a Lógica formal e material (*Dos Conceitos* ..., cit., "Conceito de Lógica Jurídica", p. 2).
48. Resume Carlos Maximiliano: "Os mestres da Lógica dividem o raciocínio em duas espécies: quando procede do particular para o geral denominam *Indução*; quando parte do geral para o particular, *Dedução*. A forma completa clássica de exprimir o raciocínio dedutivo é constituída pelo *Silogismo*. Compõe-se este de três proposições: a primeira, presumivelmente incontestável, ou geralmente aceita, chama-se *Maior*; a intermediária, apelidada *Menor*, mostra que a primeira encerra a terceira; conduz a inteligência, imbuída da verdade de uma proposição, a aceitar outra, a última, aquela que se pretende atingir ou demonstrar – a *Conclusão*. Exemplo: 'Todos os homens são mortais (a *Maior*); Tício é homem (a *Menor*); logo, Tício

normativo por meio de leis escritas, hierarquicamente colocadas no ordenamento. A indução é própria de países tradicionalmente voltados para as decisões dos tribunais e aos usos e costumes. Por exemplo, na França a indução é bastante utilizada no direito administrativo, por conta das diversas decisões dos tribunais administrativos.

Tais métodos de interpretação são freqüentemente utilizados pela Ciência do Direito, como esclarece F. Larnaude, professor de Direito Público da Faculdade de Direito da Universidade de Paris:

"Este método, [*jurídico*] composto ao mesmo tempo da indução e da dedução, consiste essencialmente em procurar nas constituições, nos códigos, nas leis e também nas decisões judiciárias, e ainda na prática, que sabe tão bem criar o que eu, de boa vontade, chamaria o *direito ao lado*, em uma palavra, em todas as manifestações da vida jurídica, em todos os fenômenos jurídicos, as regras essenciais que todas estas manifestações supõem, aquilo que nós, juristas, amamos chamar de princípios. Este o papel da indução.

"E, uma vez encontrados estes princípios, resgatados, para os inumeráveis casos que não foram previstos, que não tenham mesmo podido ser previstos, para as hipóteses continuamente diversificadas que surgem da vida, esta grande criadora, tiram-se as conseqüências aplicando-lhes a regra contida no princípio. Eis a dedução."[49]

2.2.2 Divisão da Lógica

Divide-se a Lógica em formal e material. "A Lógica formal examina a conseqüência ou concatenação da argumentação. A Lógica material estuda a validade dos materiais ou conteúdo da verdade da argumentação";[50] examina a verdade ou valor da argumentação e de seus elementos.

é mortal (a *Conclusão*). Denominam-se *Premissas* as duas primeiras. A Conclusão contém o *Sujeito* (Tício) e o *Predicado* (mortal), os quais devem ser encontrados obrigatoriamente nas *Premissas*, onde também se achará o *Meio-Termo*, auxiliar do raciocínio: por seu intermédio são os outros dois postos em conexão (no exemplo oferecido, o meio termo é *Homem*). O predicado é o *Grande Termo*; e o sujeito, o *Pequeno*" (ob. cit., p. 124, item 126, nota 1).

49. "Le droit public. Sa conception. Sa méthode", in Collège Libre des Sciences Sociales en 1910, *Les Méthodes Juridiques*, p. 21.

50. Van Acker, *Elementos de Lógica Clássica Formal e Material*, "Introdução", *apud* André Franco Montoro, *Dos Conceitos* ..., cit., "Conceito de Lógica Jurídica", p. 2.

Assim, a Lógica pode ser conceituada em sentido estrito e em sentido amplo: a primeira estuda as relações formais, o estudo do raciocínio e de seus elementos, independentemente do seu conteúdo; na segunda ele se "estende à matéria do conhecimento e outras relações e processos que integram o instrumental básico e racional utilizado pelas ciências. Abrange, nesse sentido, a Lógica formal e material. E constitui a base da metodologia de cada ciência".[51]

2.2.3 No Brasil

No Brasil o raciocínio dedutivo é o mais aplicado pela ciência jurídica; as leis são dogmas, como vimos, e não podemos discuti-las. Partimos do geral, a lei, para os casos particulares, e a subsunção nada mais é do que o raciocínio dedutivo. Porém, podem ocorrer casos nos quais a indução seja aplicada. Nas decisões dos tribunais, como tais, correspondendo a vários casos julgados de forma idêntica, formulando mesmo uma súmula ou regra sumular, estamos diante do raciocínio indutivo. E na aplicação posterior das súmulas estamos aplicando a dedução. Também utilizamos este método quando nos referimos às experiências do Direito posto alienígena (direito comparado). Aliás, trata-se de método *a posteriori*, ou seja, baseado na experiência: "Ele [*o operador do direito público*] é obrigado a questionar a História, interrogar as legislações estrangeiras, se deseja fazer trabalho científico. Aqui nos encontramos na presença de um método que sem dúvida põe em marcha os mesmos procedimentos do método dogmático, a indução e a dedução, mas com um outro fim. Aqui, o método *a posteriori*. Poderá sem dúvida ser, às vezes, um simples auxiliar no estudo do Direito nacional (...)".[52]

2.3 Processo sistemático

2.3.1 Importância

Conforme se explanou, *Direito* é o conjunto de normas e princípios, aplicados com coerção, visando à paz social. É um conjunto sistemático; por isso, o intérprete de uma lei deve levar em conta também outras disposições da mesma lei, e possivelmente de todo o

---

51. Idem, ibidem.
52. F. Larnaude, in ob. cit., p. 22.

ordenamento jurídico. Cammeo, com sua invulgar sabedoria, ensina: "A interpretação de uma disposição de uma lei deve ter conta também outras disposições da lei mesma, e de toda a legislação sobre um dado instituto ou oxalá de toda a legislação geral".[53]

O intérprete deve observar o conjunto de normas existentes no ordenamento, e não simplesmente tirar conclusões tendo em vista determinado artigo, parágrafo ou inciso. O Direito é uno, no sentido de suas normas estarem em contexto único, conectadas umas às outras, de maneira a haver inter-relação entre elas. Enquanto o leigo vê a norma posta isoladamente, o intérprete a investiga em conexão com todo o ordenamento jurídico. Como adverte Carlos Maximiliano, "o processo sistemático encontra fundamento na lei da solidariedade entre os fenômenos coexistentes".[54]

Talvez o processo interpretativo seja, no dia-a-dia, mais utilizado pela doutrina e pela jurisprudência, pois a "conexão pode vir a atribuir a uma palavra, segundo a intenção racional, um significado mais amplo ou mais estreito que aquele que teria isoladamente".[55]

Neste entrelaçamento de normas jurídicas, o cientista precisa de um método.

2.3.2 Método jurídico: Ferrara

Como havíamos afirmado, o *Direito* é uma ciência; como tal, tem seu *método*, o *jurídico*. A missão do jurista não se resume à interpretação e desenvolvimento da vontade legislativa; vai além disto: "O Direito é também uma Ciência, e, como toda Ciência, pressupõe que a sua matéria seja transformada em conceitos e que estes conceitos sejam compostos em unidade sistemática. O Direito deve ser organizado para se simplificar o seu conteúdo, dando-lhe expressão mais adequada e precisa. Assim se torna mais fácil compreender e senhorear o material e se chega a entender o pensamento jurídico".[56]

De acordo com Francesco Ferrara "o conjunto dos meios e processos que servem para tal objetivo [acima] constituem o *método*

---

53. Ob. cit., p. 236.
54. Ob. cit., p. 128.
55. Cammeo, ob. cit., p. 236.
56. Ferrara, ob. cit., p. 81.

jurídico".⁵⁷ Ainda conforme o Mestre italiano, o método propõe-se a dois fins: a) simplificação quantitativa, mediante a qual contrai os materiais, classificando-os e reduzindo-os a categorias gerais; b) simplificação qualitativa, pela qual purifica-se a qualidade do material, ordenando-o interiormente, ficando as partes singulares reunidas numa unidade.⁵⁸

E as operações fundamentais desta elaboração científica – segundo o autor italiano – são a análise jurídica, a concentração lógica e a construção jurídica. Vamos, rapidamente, tecer as principais idéias do jurista.⁵⁹

Na *(a)* análise jurídica o jurista decompõe a regra de Direito nas suas unidades elementares; separa e elimina o que é particular e contingente, e reduz os preceitos jurídicos a conceitos jurídicos, que são fórmulas abstratas em que se concentra o pensamento. Assim, decompõem-se as regras de Direito nos seus elementos primeiros.

Ao proceder desta forma o jurista deve atuar com rigorosa terminologia, pois a todo conceito deve corresponder uma designação técnica, "que poupará longos desenvolvimentos e distinções".

Depois de distinguidos e separados, os elementos devem ser reunidos para serem reagrupados, "segundo razões intrínsecas de semelhança, de íntima afinidade, e extraindo-se as regras gerais que presidem as soluções particulares". É a *(b)* concentração lógica.

Ante tal análise, o jurista reproduz, abstratamente, o princípio contido nas soluções particulares; e, uma vez apurado o princípio, ele se torna fonte de novas regras de Direito. Logo, "a concentração efetua assim a transformação da massa das decisões legislativas num complexo de princípios".

Entretanto, é preciso pôr à prova os princípios, para sabermos a que resultados conduzem. Como toda investigação científica, procede-se à experimentação: "trata-se de encontrar casos decisivos típicos, onde o princípio é posto à prova, a fim de se averiguar se é exato ou não. Se o princípio leva ao absurdo, quer isto dizer que é errado e tem de modificar-se".⁶⁰

---

57. Idem, ibidem.
58. Ob. cit., p. 82.
59. Ob. cit., pp. 82 e ss.
60. Ferrara da excelente obra jurídica (ob. cit., pp. 85-86), enfatiza a importância da concentração lógica, ao asseverar: "Esta redução dos materiais positivos a

Por ser a fase mais importante da elaboração técnica do material de Direito, e talvez a mais complexa, vamos transcrever as palavras do autor quanto à construção jurídica. Diz Ferrara:

"Entende-se por construção jurídica o procedimento pelo qual se procura colher as qualidades essenciais características dum instituto, reconduzindo-as a conceitos mais amplos e conhecidos, ou então se apresenta a concepção geral dum instituto, resumindo sob uma idéia unitária de caráter técnico o seu complexo ordenamento positivo.

"A atividade construtiva é vária pelo conteúdo e pela intensidade.

"Todo o trabalho de organização sobre a matéria jurídica é construção. Analisado um instituto, diferenciados os seus elementos segundo os respectivos caracteres internos, extraídos os princípios que estão na base das várias disposições, o jurista procede mais alto na sua obra de concentração e de síntese, determinando as *notas essenciais* que individuam tal instituto, e reconduzindo-o a uma categoria mais geral, de onde recebe luz e desenvolvimentos.

"Deste modo as figuras jurídicas se subordinam umas à outras, agrupando-se em tipos próprios; outros tipos, com numerosas variedades, se contrapõem; e todos se recolhem e conjuntam num organismo jurídico único – o sistema.[61]

---

regras abstratas, enquanto por um lado simplifica a estrutura do Direito, reagrupando à volta de certos pontos, que são quase os centros nervosos, todas as decisões jurídicas particulares, também faz aparecer, e põe à luz, as anomalias da lei, as singularidades sem fundamento, os resíduos históricos que permanecem isolados e destinados a desaparecer; e por outra parte a descoberta dum princípio manifestado casualmente numa só aplicação, que constitui o seu ponto de *irrupção* na vida jurídica, pode determinar a sua expansão luxuriante". Acrescenta, quanto à atualização de tais princípios: "Note-se, porém, que os princípios jurídicos mudam com a transformação do material positivo, e por conseqüência devem experimentar-se em todo o sistema legislativo, num dado momento histórico, pois pode acontecer que um princípio excepcional em certo tempo se torne dominante mais tarde, e vice-versa. Estas idéias-forças que são os princípios de Direito devem sempre manter contato com a vida, sob pena de se converterem em dogmas estéreis" (ob. cit., p. 86). Palavras dignas de autêntico jurista.

61. Expõe o autor, em nota de rodapé: "Pense-se, *v.g.*, nos vários tipos de direitos reais: propriedade, usufruto, servidões, a que se contrapõem os direitos de obrigação, para formarem todos os direitos patrimoniais. Assim também quando se discute se os direitos de autor são uma forma de propriedade, trata-se dum problema de construção, pelo qual, cotejadas as duas figuras, e eliminados os caracteres contingentes, se chega às notas que formam a sua essência jurídica e se examina se é possível a subordinação dum conceito ao outro" (ob. cit., p. 87).

"Mas também há construção jurídica quando se concentra em forma unitária uma regulamentação positiva, isto é, quando se chega a obter uma idéia única superior da qual as soluções da lei se demonstram aplicações.

"Ao passo que a regulamentação positiva aparece exteriormente como simples ajuntamento de decisões separadas – a mesma questão recebe, por vezes, soluções opostas, e a matéria jurídica está envolvida em particularidades e detalhes –, a construção, operando com conceitos abstratos, intenta abraçá-la sistematicamente numa forma unitária, refunde e plasma o material jurídico num esquema técnico que constitui – pode dizer-se – a armadura teórica em torno da qual se reúne e dispõe natural e espontaneamente o material positivo."[62]

2.3.3 Especificidades no direito administrativo

Em direito administrativo existem dificuldades para se enquadrar os regulamentos (abstratos e gerais) na categoria de atos administrativos; para alguns seriam apenas atos legislativos, pois materialmente possuem as mesmas qualidades das leis. Conceituam o ato administrativo como aquele dotado de efeitos concretos, não abstratos, retirando da conceituação os regulamentos, os quais são, de regra, abstratos e gerais.

Vale mencionar, ainda, os diversos tipos de procedimento administrativo, como o licitatório, o disciplinar, o instaurado para apurar falta do administrado (infração e sanção administrativas) – todos ligados por princípios gerais idênticos, o mesmo regime jurídico, apesar de algumas diferenças, contingenciais. Todos fazem parte do regime jurídico do procedimento administrativo, cujas normas e princípios são aplicados à licitação, ao concurso público, ao processo disciplinar etc.

Aliás, a Lei federal 9.784, de 29.1.1999, que "regula o processo administrativo no âmbito da Administração Pública Federal", estabelece sua aplicação aos Poderes Executivo, Legislativo e Judiciário – estes dois no caso de exercerem função administrativa. Vê-se, assim, que os Poderes Legislativo e o Judiciário também podem exercer função administrativa – e, nessa qualidade, as normas de direito administrativo são aplicadas, os princípios que regem a matéria irradiam-se em todos os Poderes do Estado.

62. Ob. cit., pp. 86-88.

2.3.3.1 Nas sanções administrativas

– Especificamente quanto às sanções administrativas, problema de grande porte consiste em saber se devemos aplicar sempre os ditames da repressão penalística em sua totalidade ou apenas em parte, e em que medida – ou seja, se os princípios retores da sanção administrativa são os mesmos do direito penal; se o juiz no processo judicial, na função típica, aplica sanção administrativa, como pensa Fábio Medina Osório;[63] a diferença existente entre a sanção administrativa e as medidas preventivas do Poder Público, cada qual com seu plexo de normas específicas, embora ambas concentrem-se no mesmo ramo do direito público, o direito administrativo.

2.3.4 Gordillo e o método jurídico

Seguindo os ensinamentos de John Hospers, o autor platino alinha preciosas palavras com as quais demonstra alguma singularidade, particularidade, neste ramo do direito público, o direito administrativo.[64]

Segundo o autor o direito administrativo está repleto de perigosos usos emotivos e políticos de linguagem, como ocorre com os conceitos jurídicos ("poder de polícia", "atos de governo", "potestade regulamentar"). A própria expressão "poder" tem uso híbrido, podendo significar potestade (atribuição, competência, faculdade, capacidade, jurisdição, autorização etc.) e, outras vezes, força (potência, poderio, domínio, dominação etc.).

Em nenhum ramo do Direito a metodologia torna-se tão importante como no direito administrativo, pois "allí la lucha de palabras en ocasiones desborda los límites corrientes: a más de los problemas de valoración económica o social, pesa demasiado el problema del poder y la autoridad frente a la libertad".

As palavras são rótulos com os quais damos nomes às coisas; e qualquer rótulo é conveniente desde que tenhamos acordado acerca dele e o utilizemos de forma conseqüente: "La botella contendrá exactamente la misma sustancia aunque pleguemos en ella un rótulo distinto, así como la cosa sería la misma aunque usemos una palabra diferente para designarla".[65]

---

63. *Direito Administrativo Sancionador*, p. 59.
64. Gordillo, ob. cit., t. I, pp. I-3 e ss.
65. John Hospers, *Introducción al Análisis Filosófico*, t. I, Buenos Aires, Macchi, 1965, p. 22, *apud* Agustín Gordillo, ob. cit., t. I, p. I-12.

A linguagem não seria utilizável se não houvesse acordos convencionais sobre os rótulos para dar às coisas; existe, assim, um uso comum ou convencional das palavras. Mas isto serve pouco para a linguagem científica, pois carece de suficiente precisão, padece de vaguidade e ambigüidade – uma mesma palavra pode ser utilizada com diversidade de sentidos. O uso comum somente se emprega na linguagem ordinária, mas não, também, na linguagem científica.

Não há – segundo o autor – obrigação alguma de se ater ao uso comum; porém, quando empregamos determinada palavra de maneira distinta do uso comum devemos informar os ouvintes acerca do significado dado. Se não informamos o sentido da palavra empregada, seguimos o uso comum.

Assim, pode ocorrer a liberdade de estipulação do sentido da palavra utilizada principalmente nos seguintes casos, conforme o autor platino: "a) não há uma palavra para aquilo do qual se quer falar; b) aquilo do que se deseja falar *já tem* uma palavra que o representa adequadamente, e esta outra palavra induz confusão, é obscura, ou leva a conclusões sem fundamento; c) o caso mais importante em que é recomendável apartar-se do uso comum é quando a palavra empregada convencionalmente tem 'tal vaguidade e imprecisão que resulta insatisfatório continuar usando essa palavra seguindo o uso comum" (ainda citando Hospers, ob. cit., pp. 17-18).

Em tal caso, se "consideramos que é uma fonte constante de confusão continuar empregando uma palavra de acordo com o uso comum, podemos tratar de fazer uma, de duas coisas: (1) abandonar a palavra totalmente (...) ou (2) continuar usando a mesma palavra *mas tratar de purificá-la usando-a em algum sentido especial e mais limitado, por geral restringindo-a arbitrariamente a alguma parte específica do vasto domínio que tem*" (ainda citando Hospers, ob. cit., pp. 17-18).

Por conseguinte, trata-se de "*estipular*" una definición o un concepto *tan sólo funcional y operativo dentro de un cierto contexto sistemático*", para podermos chegar a situações reais antes que lutas de palavras.

De acordo com o autor argentino, "sobre la base de la observación y el análisis de las particularidades del régimen jurídico-administrativo y su aplicación, estipularemos las definiciones y clasificaciones que pueden más adecuadamente explicar ese régimen jurídico".

Porém, a claridade do conceito, elaborado mediante liberdade de estipulação pelo cientista do Direito, é pré-requisito da claridade de tudo o que se exponha a respeito do tema. O uso que se dê à expressão deverá ser aplicado às demais conseqüências jurídicas. Se não forem claros os conceitos de "ato administrativo", "contrato administrativo" e "regulamento", menos claros ficarão as nulidades, vícios, extinção etc.

Os elementos a considerar para estipular as definições são: *(a)* saber quais são os objetos a analisar, qual é a realidade a ser verificada, considerada globalmente; isto é, partir de um "marco global", não de um pequeno setor arbitrariamente estabelecido, e menos ainda de uma definição pressuposta; *(b)* verificar qual o regime jurídico aplicável a essa realidade: "si un grupo de cuestiones recibe sustancialmente igual régimen jurídico, entonces será conveniente agruparlas en una misma definición".

Assim, após conhecermos os objetos, globalmente considerados, devemos observar qual o trato jurídico dado a eles; qual o grupo de fatos aos quais o Direito confere o mesmo regime jurídico. Apesar disto, como observa Gordillo: "(...) siempre teniendo en claro que una vez llegado el acuerdo sobre cuales son las cosas o asuntos que reciben cierto tratamiento jurídico, el agruparlos o no bajo determinada definición será siempre cuestión de conveniencia, que sólo en términos de utilidad, claridad, oportunidad etc. puede ser discutida (...)".[66]

Portanto, o autor enfatiza cuidar-se de mera conveniência ou oportunidade enquadrar os objetos neste ou naquele grupo, conforme tenha maior utilidade. Trata-se de estipulação arbitrária, porém conseqüente, visando à utilidade e claridade científicas.

Prosseguindo, Gordillo esclarece a necessidade de classificação prévia de objetos para se chegar à definição; sem aquela não se tem esta.

Quando empregamos uma classe de palavras, pois, agrupamos muitas coisas sob uma denominação comum, consideram-se as características comuns destas coisas; mas se utilizarmos a mesma palavra para referirmos muitas coisas tratamos destas como se fossem iguais e ignoramos suas diferenças.

66. Ob. cit., t. I, p. I-21.

Ocorre não haver duas coisas no universo que sejam exatamente iguais em todos os aspectos, assim como não há no universo coisas tão diferentes entre si que não tenham algumas características comuns. Logo, "las características comunes que adoptamos como criterio para el uso de una palabra de clase son una cuestión de conveniencia". Tudo se resolve mediante critério de conveniência, necessidade, mediante a análise das semelhanças e das diferenças; pois, no dizer de Hospers (ob. cit., pp. 28 e 30), citado por Gordillo, "no hay una manera correcta o incorrecta de clasificar las cosas, del mismo modo que no hay una manera correcta o incorrecta de aplicar nombres a las cosas".

Destas lições, baseadas em Hospers, o autor argentino exemplifica a definição de ato administrativo; requer, de início, *(a)* a classificação das diversas atividades de tipo administrativo, dentro das quais ubicaremos uma espécie, que será definida; *(b)* a espécie "ato administrativo", definida, pode dar lugar a novas e mais minuciosas classificações, que constituirão as subespécies de atos administrativos.

Por conseqüência, segundo pensamos, o que importa é o regime jurídico; o cientista deve procurar desvendar qual o regime jurídico aplicável a tal ou qual grupo de objetos; separá-los de acordo com o plexo de normas que lhes fornecem juridicidade. Daí a verdadeira proposição segundo a qual o Direito cria suas próprias realidades. Os fatos são classificados, juridicamente, de acordo com o regime jurídico que lhes é inculcado pelo ordenamento.

Explica Gordillo:

"Lo expuesto tiene por finalidad quitar dogmatismo a las discusiones sobre definiciones y clasificaciones, y centrar el análisis y discusión sobre el régimen jurídico concreto que habrá de regir cada institución: este régimen y su interpretación es lo que importa, no las definiciones y clasificaciones que a su respecto hagamos, a menos que ellas lleven a confusión o sean un intento de sacrificar la libertad frente al poder.

"Clasificaciones sin demostrable valor de utilidad o conveniencia, que no explican nada operativo del sistema jurídico sino que exponen dogmáticamente supuestas esencias inmutables, son no solamente incomprensibles sino además dañosas (...)."[67]

---

67. Ob. cit., t. I, p. I-25.

2.3.5 Conclusões quanto ao método

Verificamos, portanto, quanto é importante o regime jurídico dos objetos a serem analisados pelo cientista do Direito; mesmo assim a classificação torna-se necessária, para que possamos justamente verificar quais os objetos que têm o mesmo tratamento jurídico. Se determinado regime jurídico é aplicado a certo objeto, então este deve fazer parte do grupo cujo objeto tem o mesmo trato em face do ordenamento. Em outro dizer, a verificação do regime jurídico é o ponto de partida; devemos classificar os objetos a contar dele, os objetos serão classificados de acordo com o regime jurídico; passa-se, a seguir, às definições propriamente ditas, por meio das quais se esclarece sobre os objetos antes classificados.

Por exemplo, ao definirmos a sanção administrativa temos de observar se alguns atos ou comportamentos fazem parte ou não de determinado regime jurídico. As medidas preventivas tomadas pelo Poder Público, como já mencionamos, não estão enquadradas no conceito de sanção. Possuem regime próprio, peculiar. As sentenças proferidas pelos juízes e as leis editadas pelo Legislativo não fazem parte da função administrativa, pois se enquadram no regime que lhes é peculiar, distinto do da função administrativa. De outro lado, os juízes podem exercer função administrativa, assim como os parlamentares, e então o regime jurídico será o do direito administrativo. Sirvam de exemplo os atos administrativos editados pelos Tribunais e pelos Parlamentos acerca da relação jurídica travada entre os órgãos e seus respectivos servidores.

2.4 A interpretação histórica

2.4.1 O que é?

Diz-se interpretação histórica a que se baseia na averiguação dos antecedentes da norma, isto é: "Refere-se ao histórico do processo legislativo, desde o projeto de lei, sua justificativa ou exposição de motivos, emendas, aprovação e promulgação, ou às circunstâncias fáticas que a precederam e que lhe deram origem, às causas ou necessidades que induziram o órgão a elaborá-la, ou seja, às condições culturais ou psicológicas sob as quais o preceito normativo surgiu (*occasio legis*) (...)".[68]

---

68. Maria Helena Diniz, ob. cit., p. 391.

Isto porque a norma de Direito não surge do nada, e procura refletir as necessidades sociais, notadamente a evolução do homem; "mesmo quando versa sobre relações novas, a regulamentação inspira-se freqüentemente na imitação de outras relações que já têm disciplina no sistema (...)".[69] É o caso na Itália – conforme ensina Ferrara – da servidão de condução de energia elétrica, a qual foi modelada à imitação da de águas.[70]

2.4.2 Método "a posteriori"

O método de interpretação *a posteriori* nada mais é senão a indução, ou observação. Todo baseado na experiência dos fatos anteriores à edição da norma, tem por fim, como os demais métodos interpretativos, o alcance, o fim e o conteúdo da norma.

2.4.2.1 Cautelas do exegeta – Tal processo interpretativo, embora valioso, deve ser utilizado com cautelas. É que quando a lei ingressa no ordenamento jurídico, com sua vigência, recebe influência das demais normas existentes no sistema; há correlação de forças, interconexão entre as normas jurídicas, fazendo com que, possivelmente, a intenção anterior do legislador, quando elaborou determinada lei, seja desvirtuada, tornando-a outra completamente diferente. A intenção do legislador, o seu escopo, mesmo no sentido objetivo, em face das considerações históricas, pode auxiliar o intérprete, mas nunca será ponto decisivo para concluir o trabalho científico.

Além do mais, sabemos as diversas linhas políticas e ideológicas dos partidos integrantes das Casas Legislativas; interesses são contrariados de diversas formas; acordos são feitos para a aprovação de leis. Assim, fica difícil sabermos, de fato, se nos trabalhos preparatórios a "história" da lei foi eficientemente definida. Acentua Ferrara: "Os trabalhos preparatórios podem esclarecer-nos relativamente às idéias e ao espírito dos proponentes da lei e de alguns votantes, e valem como subsídio, quando puder demonstrar-se que tais idéias e princípios foram incorporados na lei. Em caso diverso devem considerar-se momentos estranhos à lei e sem influência jurídica. Valem apenas como ilustrações de caráter científico".[71]

69. Ferrara, ob. cit., p. 40.
70. Idem, ibidem.
71. Ob. cit., p. 43.

2.4.2.2 Direito estrangeiro – Da mesma forma, o direito comparado, também utilizado no método de interpretação *a posteriori*, porque leva em conta as experiências do direito estrangeiro, serve para a interpretação das normas do país; é importante fonte da qual o jurista se serve para poder analisar determinado instituto. Devemos anotar, contudo, que o método comparativo nem sempre serve para resolver as diversas questões jurídicas de determinado país. Cada país tem seu povo, com seus costumes, com suas deficiências e com suas carências; cada país tem seu regime jurídico, sua Constituição: alguns adotam a Monarquia, outros a República, alguns a Democracia, outros a Oligarquia, e assim por diante. A separação de Poderes, idealizada por Aristóteles e difundida e posta em termos atuais por Montesquieu, tem graus e varia de país a país. Por exemplo, na França, como cediço, o Presidente da República "legisla" por simples decreto, enquanto o Parlamento edita suas leis apenas nos casos elencados na Constituição; na Inglaterra a Constituição não é escrita, mas meramente consuetudinária. Em alguns países – como o nosso – o Poder Judiciário decide com força de verdade legal, inclusive as causas em que o Estado participa da relação jurídica, enquanto outros – como França, Espanha e Portugal – têm o contencioso administrativo, órgãos da Administração Pública julgam com força de definitividade. Tudo isto sem falarmos nas condições sociais e políticas das nações.

O Brasil é um país pobre, com necessidades diferentes das dos países mais evoluídos. Somos uma nação de desdentados, de desempregados, de doentes, física e mentalmente, de deseducados. Não temos consciência dos deveres cívicos e nem mesmo dos limites dos poderes públicos. Assim, simplesmente acolhermos as normas de outros países, transplantando-as para o nosso, não tem o menor sentido. Se copiarmos determinado instituto alienígena, ainda assim devemos nos ater a dois pontos essenciais: o que diz a Constituição Brasileira, a qual deve ser respeitada, e a interpretação, se o instituto for constitucional, feita diante do plexo de normas existentes no ordenamento nacional – respeito ao sistema jurídico como um todo, mediante o recurso à interpretação sistemática.

Há muito asseverou, com enorme acuidade, F. Larnaude: "Se nós encontramos no Direito estrangeiro as mesmas regras que no nosso, o princípio assim consagrado aqui e lá não adquirirá senão um mais alto grau de certeza e autoridade. Mas este não é o resultado essencial que persegue o método de observação comparativa; ele raramente chegará às identificações e às similitudes assim absolutas. Bem mais freqüentemente, ele nos fará descobrir, ao contrário, tipos nacionais ou autóctones de instituições, isto é, formas propriamente nacionais, procedimentos jurídicos ou legislativos exclusivamente e propriamente nacionais, de atingir certos fins os quais em outros países seriam perseguidos por outros meios".[72]

Portanto, o método histórico e o comparativo, ambos, devem servir como subsídios ao cientista; mas não podem ser, em si mesmos, porto seguro para concluirmos sobre a norma neste ou naquele sentido. Em tema de sanções administrativas, por exemplo, com maior razão as cautelas acima referidas são importantes para o sujeito que examina a norma jurídica, pois elas cuidam de infligir ao administrado ou ao servidor público um mal, um castigo.

2.5 Processo teleológico

2.5.1 O fim da lei

Pelo processo teleológico a interpretação é feita atendendo ao fim da lei, à *ratio legis*. A lei é feita tendo uma finalidade, é meio para determinado fim. Explica Ferrara:

"Toda disposição de Direito tem um escopo a realizar, quer cumprir certa função e finalidade, para cujo conseguimento foi criada. A norma descansa num fundamento jurídico, numa *ratio iuris*, que indigita a sua real compreensão.

"É preciso que a norma seja entendida no sentido que melhor responda à consecução do resultado que quer obter. Pois que a lei se comporta para com a *ratio iuris* como o meio para com o fim: quem quer o fim quer também os meios."[73]

2.5.1.1 Variabilidade – Ocorre que o fim da lei pode variar com o tempo; a lei não é um ser morto, e é aplicada em atenção às vicissitudes da vida humana. O tempo e o espaço acompanham os homens, são elementos integrantes da convivência humana. Por isso, Ferrara assevera: "A *ratio legis* pode mudar com o tempo. O intérprete, examinando uma norma de há um século, não está incondicional-

---

72. Ob. cit., p. 22.
73. Ob. cit., p. 37.

mente vinculado a procurar a razão que induziu o legislador de então, mas qual é o fundamento racional de agora. Assim, pode acontecer que uma norma ditada para um certo fim adquira função e destino diverso".[74]

2.5.2 Interpenetração com o processo sistemático

Interessante notar a ligação existente entre este processo de interpretação e o sistemático, conforme Maria Helena Diniz: "O sentido normativo requer a captação dos fins para os quais se elaborou a norma, exigindo, para tanto, a concepção do Direito como um sistema, o apelo às regras da técnica lógica válidas para serem definidoras de casos, e a presença de certos princípios que se aplicam para séries indefinidas de casos, como o da boa-fé, o da exigência de justiça, o do respeito aos direitos da personalidade, o da igualdade perante a lei etc. Isto é assim porque se coordenam todas as técnicas interpretativas em função da teleologia que controla o sistema jurídico, visto que a percepção dos fins exige não o estudo de cada norma isoladamente, mas sua análise no ordenamento jurídico como um todo".[75]

3. Resultado da interpretação

3.1 Efeitos da interpretação

A interpretação conduz a *resultados* diferentes; dela podemos extrair alguns efeitos, que são – segundo Oswaldo Aranha Bandeira de Mello – "declarativos, ampliativos ou restritivos, tendo em vista a conciliação a ser feita entre a lei e o espírito da lei".[76]

Ferrara classifica a interpretação declarativa "segundo toma em sentido limitado ou em sentido amplo as expressões que têm vários

---

74. Ob. cit., pp. 38-39.
75. Ob. cit., p. 392. Ferrara, por seu turno, critica tal processo interpretativo porque, segundo ele: "(...) os caminhos para se chegar a um certo fim podem ser vários, e desse fim não se deduz qual o caminho preferido; e por outra parte o legislador pode ter-se enganado quanto ao meio que empregou. Mas de toda a maneira o fim é sempre um raio de luz a iluminar o caminho do intérprete" (ob. cit., p. 38).
76. Ob. cit., v. I, p. 347.

significados".⁷⁷ Assim, *(1)* pode ocorrer perfeitamente de o sentido da lei corresponder às palavras nela contidas – explicação literal. Mas também *(2)* acontece, nos casos de palavras equívocas, dúbias, gerais, ter de escolher "um dos sentidos possíveis, que resultam do simples contexto verbal", numa acepção restrita ou lata, sempre de acordo, porém, com a vontade da lei, o sentido lingüístico dela.⁷⁸

3.2 Exemplos no direito administrativo

O legislador serve-se do termo "sanção" em diversas acepções. Assim, se a lei se exprime dessa forma para mencionar a decadência, por exemplo, não o estará usando no sentido de aflição de um mal em face de um ilícito, mas pela inércia da pessoa cujo direito estava protegido pela norma. Pode ser utilizado, ainda, no sentido de restituição do equivalente na compensação, na anulação de ato e assim por diante.

A expressão "funcionário público" pode referir-se, na lei, apenas aos servidores do Estado (estatutários e celetistas) ou a agentes políticos (parlamentares e chefes do Poder Executivo), ou até mesmo aos juízes, membros dos Tribunais de Contas e ao Ministério Público.

Expressões como "moral", "interesse público", "ordem pública" e congêneres, utilizadas na lei, tomam conotação diferente,⁷⁹ dependendo do plexo de normas que as circundam e, no caso, da evolução social, política, econômica e cultural do povo. Conceitos que se modificam ao longo do tempo e do local em que estão inseridos.

A expressão "contratos de gestão", por exemplo, se referem a duas realidades distintas, como assevera o ínclito professor Celso Antônio Bandeira de Mello:

"a) *pretensos 'contratos' travados com sujeitos (pessoas jurídicas) integrantes do próprio aparelho administrativo do Estado*;

"b) *contratos travados com pessoas alheias ao Estado ('organizações sociais')*, que não guardam relação alguma com os anteriores.

---

77. Ob. cit., p. 45.
78. Idem, ibidem.
79. "Compreensão" ou "conotação" é o conjunto de notas constitutivas do conceito. O conceito de "homem" inclui as notas de "animal" e "racional". As propriedades referidas estão compreendidas no conceito de homem. "Extensão" ou "denotação" é o conjunto de objetos ou seres a que se pode aplicar o conceito.

"Em relação aos contratos travados com entidades da Administração indireta não há definição legal alguma. Na verdade (...) estes *não podem ser contratos* – embora como tal se apresentem –, pois, nesta qualidade, *atualmente*, seriam juridicamente *impossíveis* ou *inválidos*. Contudo, poderão existir *no futuro*, a partir da lei prevista no art. 37, § 8º, da Constituição, introduzido pela Emenda Constitucional 19, a qual veio a propiciar-lhes virtualidade de existência jurídica."[80]

3.3 "Corrigir" os termos legais

Por essa razão, a imperfeição lingüística pode conduzir o intérprete a restringir ou alargar o sentido da lei: ou o legislador disse mais do que queria dizer, ou disse menos, quando queria dizer mais: "tratar-se-á de corrigir a expressão imprecisa, adaptando-a e entendendo-a no significado real que a lei quis atribuir-lhe (...)".[81] Difere da mera interpretação declarativa, em que o intérprete simplesmente declara o sentido lingüístico coincidente com o sentido da lei, fixando o sentido real dela, resultado de um contexto verbal, fixando-se num dos *resultados possíveis*.[82] Na interpretação extensiva ou restritiva o intérprete, diante da imperfeição lingüística, restringe ou amplia o significado do termo.

3.3.1 Interpretação restritiva

Assim, com a interpretação restritiva, pode-se concluir que a lei, "posto se tenha exprimido em forma genérica e ampla, todavia quis referir-se a uma classe especial de relações".[83] Ela tem lugar nos seguintes casos, de acordo com Ferrara:

"1º) Se o texto, entendido no modo tão geral como está redigido, viria a contradizer outro texto de lei; 2º) se a lei contém em si

---
80. Ob. cit., p. 183.
81. Ferrara, ob. cit., p. 47.
82. O iluminado Kelsen afirma: "Se por 'interpretação' se entende a fixação por via cognoscitiva do sentido do objeto a interpretar, o resultado de uma interpretação jurídica somente pode ser a fixação da moldura que representa o Direito a interpretar e, conseqüentemente, o conhecimento das várias possibilidades que dentro desta moldura existem (...)" (ob. cit., p. 390).
83. Ferrara, ob. cit., p. 47.

uma contradição íntima (é o chamado argumento *ad absurdum*); 3º) se o princípio, aplicado sem restrições, ultrapassa o fim para que foi ordenado.

"Além disto, é de observar que, se um princípio foi estabelecido a favor de certas pessoas, não pode retorcer-se em prejuízo delas, por interpretação restritiva das suas expressões demasiado gerais."[84]

Finalmente, consoante a lição de Carlos Maximiliano,[85] "é estrita a interpretação das leis *excepcionais*, das *fiscais* e das *punitivas*".

Não concordamos com o autor; as leis excepcionais, embora tenham caráter nitidamente diferente, por inserirem exceções aos casos comuns determinados em outras ou na mesma legislação, podem ser interpretadas de maneira ampla, extensa, sem os limites impostos pelo resultado da mera interpretação restritiva. O mesmo ocorre com as leis fiscais e as punitivas. Ambas mantêm a possibilidade da interpretação extensiva. Mas todas elas não têm a analogia como recurso para a integração da ordem jurídica.

3.3.2 Interpretação extensiva

Seguindo a linha de Ferrara (item 3.3.1), na interpretação extensiva "o legislador, exprimindo o seu pensamento, introduz um elemento que designa espécie, quando queria aludir ao gênero, ou formula para um caso singular um conceito que deve valer para toda uma categoria (...)".[86] Com efeito:

"A interpretação extensiva, despojando o conceito das particularidades e circunstâncias especializantes em que se encontra excepcionalmente encerrado, eleva-o a um princípio que abarca toda a generalidade das relações, dando-lhe um âmbito e uma compreensão que, perante a simples formulação terminológica, parecia insuspeitada. (...).

"As omissões no texto legal, com efeito, nem sempre significam exclusão deliberada, mas pode tratar-se de silêncio involuntário, por imprecisão de linguagem."[87]

---

84. Ob. cit., p. 48.
85. Ob. cit., p. 205.
86. Ob. cit., p. 48.
87. Ferrara, ob. cit., p. 49.

3.3.3 Exemplos

Se a lei estabelece determinada sanção disciplinar ao agente público exercente de função em autarquias, devemos interpretar a expressão "autarquias" em sentido amplo, geral, pois abarca também as fundações públicas, as quais têm o mesmo regime jurídico daquelas.[88]

Se a norma legal estipula sanções aos "homens", devemos interpretar o termo no sentido genérico, incluindo as "mulheres" – exceto se do texto legal resultar uma irrazoabilidade, pela possibilidade de as infrações serem cometidas apenas por aqueles.

3.4 Sanções administrativas

Importa ressaltar o fato de a interpretação extensiva ser possível também no campo das normas de caráter repressivo, o mesmo não ocorrendo com a analogia. Nas *sanções administrativas*, portanto, a interpretação extensiva pode ser utilizada, mas apenas a analogia *in bonan partem*, em face dos princípios que regem o direito penal, aplicáveis no campo do direito administrativo, que impõe sanções ao administrado.

4. Integração das leis

4.1 A analogia

4.1.1 Conceito

Às vezes o intérprete não encontra a norma correspondente ao caso concreto; procura, então, um dispositivo ou um conjunto de normas com os quais resolverá o problema da "lacuna", do vazio legislativo. Aplica, assim, ao caso concreto a norma ou o princípio derivado desse conjunto de normas.

Conforme havíamos afirmado, o Direito é uno e é completo, no sentido de suas normas se inter-relacionarem, umas conectadas às

---

88. Aliás, Celso Antônio Bandeira de Mello acentua: "Uma vez que as fundações públicas são pessoas de direito público de capacidade exclusivamente administrativa, resulta que são autarquias e que, pois, todo o regime jurídico dantes exposto, como o concernente às entidades autárquicas, aplica-se-lhes integralmente" (ob. cit., p. 146).

outras. A completude permite ao juiz integrar o próprio ordenamento, suprindo a falta da norma, por exemplo, por intermédio da analogia.

Deixando de lado as questões controvertidas acerca do fato de haver ou não lacunas no Direito,[89] resolve-se o problema com a "auto-integração" da ordem jurídica; as normas completam-se a partir do interior do sistema, através da analogia e dos princípios gerais do Direito. Desse modo, o "dogma da *completude* do Direito é estreitamente conexo ao da completabilidade do próprio Direito (...)".[90]

Por conseqüência, a "analogia" é o meio pelo qual o aplicador da norma colmata a ausência de norma específica a regular o caso concreto, por intermédio de outra norma jurídica, utilizada em virtude da identidade de razão e semelhança das relações; ou por intermédio de princípio extraído do conjunto de normas jurídicas, uma vez presentes os mesmos pressupostos.

Em palavras mais precisas: "A analogia consiste em método de *aplicação da lei* aos casos por ela regulados, nos quais há *identidade de razão* a justificar a sujeição da hipótese ao seu preceito, ante a *semelhança de situações* que as unificam por traço comum, entre o objeto de consideração da lei e o outro por ela não cogitado".[91]

Como se vê do conceito do ilustre publicista, a analogia consiste na aplicação da lei; não se cuida de interpretação. O aplicador do Direito, se não encontrar a norma que dê sustentação ao fato, tentará buscá-la em outro dispositivo, ou no conjunto de normas em dado instituto. Oswaldo Aranha Bandeira de Mello acentua serem a analogia, os princípios gerais do Direito e a doutrina critérios para a aplicação do Direito. São suas palavras: "Constituem, portanto, a analo-

---

89. A propósito, Hans Kelsen afirma nunca existir lacuna no Direito (ob. cit., pp. 273 e ss.; v. Fábio Ulhoa Coelho, ob. cit., pp. 46-48). Especificamente quanto ao direito público, Afonso Rodrigues Queiró acentua não ser possível a existência de lacunas neste ramo do Direito, pois a lei marca em toda a extensão e amplitude a atividade da Administração. Não existem lacunas no direito penal (normas penais de incriminação, determinação de penas e causas de agravação); nem no direito internacional (os Estados estão obrigados em virtude de contratos ou dos costumes); nem no direito processual (está-se diante da possibilidade de uma interpreteação extensiva ou analógica, pois a analogia é um processo de interpretação); nem no direito constitucional (a Constituição representa pensamento integral, que cabe ao legislador traduzir em leis). Conclui o autor português: "Lacuna e direito público são conceitos antitéticos" ("A teoria do desvio de poder em direito administrativo", *RDA* 6/60, nota 52).
90. Bobbio, *O Positivismo Jurídico*, p. 210.
91. Oswaldo Aranha Bandeira de Mello, ob. cit.,v. I, p. 354 (grifos nossos).

gia, os princípios gerais do Direito e a doutrina critérios para a aplicação do Direito, para sua formação, na ordem positiva, através do juiz, no caso concreto (...)".[92]

4.1.2 Classificação

A analogia classifica-se em analogia *legis* e analogia *juris*. Na primeira aplica-se a norma a caso semelhante não regulado por norma alguma; aplicação por semelhança. Na segunda, porém, não surge a disposição que colmataria o caso sem regulação normativa;[93] ou a lei omitiu inteiramente a disciplina jurídica de dado instituto, sendo necessário verificar os princípios inspiradores do sistema.

Mas – é de se advertir, na lição de Oswaldo Aranha Bandeira de Mello – a analogia não se confunde com a indução. Explica o autor: "Pode-se chegar a um princípio de direito positivo por *indução*. Mas a sua aplicação ao caso concreto se faz por *analogia*. O princípio pode ter caráter geral, assumir essa feição. Porém, a aplicação analógica se limita ao *caso particular*. Ela não cria norma, que se acha ínsita em lei que rege hipótese semelhante, ou na ordem jurídico-positiva, através de diferentes textos legais. Todavia, cabe a ela enquadrar essa norma em outra realidade jurídica, dada a semelhança do fato e a identidade de razão, que permitem o processo discursivo da sua aplicação para dada espécie em foco".[94]

4.1.3 Requisitos

No entanto, para que possamos ter presente a analogia as relações devem ser semelhantes (semelhança de situações). Por isso, Carlos Maximiliano expõe a necessidade de as circunstâncias a reconhecer serem essenciais: "Se entre a hipótese conhecida e a nova a semelhança se encontra em circunstância que se deve reconhecer como *essencial*, isto é, como aquela da qual dependem todas as conseqüências merecedoras de apreço na questão discutida, ou, por outra,

---

92. Idem, v. I, p. 352.
93. Quando afirmamos a existência de casos não regulados por normas referimo-nos às meras lacunas "aparentes", pois o jurista lança mão do processo analógico em virtude de estar latente no ordenamento jurídico a colmatação de suas normas; o Direito é completo, suas normas têm interação.
94. Ob. cit., v. I, p. 358 (grifos nossos).

se a circunstância comum aos dois casos, com as conseqüências que da mesma decorrem, é a causa *principal* de todos os efeitos, o argumento adquire a força de uma indução rigorosa".[95]

Os pressupostos da analogia são[96] *(a)* uma hipótese não prevista – caso contrário seria interpretação extensiva; *(b)* a relação contemplada no texto, embora diversa da que se examina, deve ter com ela um elemento de identidade; *(c)* este elemento deve ser essencial, fundamental, não aparente, irreal, ou sobre pontos secundários.

4.1.3.1 Direito privado – Além disso, devemos nos ater ao princípio segundo o qual "não se aplica uma norma jurídica senão à ordem de coisas para a qual foi estabelecida". No ponto, esclarece Maximiliano não ser lícito "pôr de lado a natureza da lei, nem o ramo do Direito a que pertence a regra tomada por base do processo analógico".[97] Por isso, Oswaldo Aranha Bandeira de Mello explica:

"Não se pode aplicar normas de direito privado em relações de direito público, sob o fundamento tão-só da analogia, salvo se houver expressa disposição de lei em tal sentido, dada a diferença de técnica jurídica a presidir os institutos de um e outro ramo jurídico.

"Enquanto no privado os sujeitos da relação jurídica, de regra, estão no mesmo plano de igualdade, e visam aos respectivos interesses particulares, no público eles estão em planos diversos e o que cogita do interesse público se superpõe ao que cogita do interesse particular. Não há, por conseguinte, um dos elementos da analogia: a identidade de razão."[98]

---

95. Ob. cit., p. 206. O mesmo autor, porém, faz distinção interessante. Distingue a *analogia* da *indução completa*. Enquanto aquela provém do particular e se dirige igualmente ao particular, na indução completa vamos do particular para o geral. E mais: a analogia refere-se à probabilidade, ou seja, "fornece uma dose de probabilidade mais ou menos considerável conforme o grau de semelhança dos objetos comparados"; isto porque a analogia não leva à evidência integral. Por isso, "deve o observador escrupuloso procurar meios complementares para atingir uma indução completa" (p. 207). Oswaldo Aranha Bandeira de Mello igualmente distingue a *analogia* da *indução*; para ele, "pode-se chegar a um princípio de direito positivo por indução. Mas a sua aplicação ao caso concreto se faz por analogia. O princípio pode ter caráter geral, assumir essa feição. Porém, a aplicação analógica se limita ao caso particular (...)" (ob. cit., v. I, p. 358).
96. Cf. Carlos Maximiliano, ob. cit., p. 212.
97. Idem, ibidem.
98. Ob. cit., v. I, p. 356.

O insigne jurista, porém, explica ser possível a aplicação de normas constantes das leis de direito privado que são, na verdade, Teoria Geral do Direito: "Existem, entretanto, normas constantes das leis de direito privado que são da Teoria Geral do Direito, sem preocupação da justiça comutativa,[99] ou distributiva, que informa, em princípio, as relações privadas e públicas, respectivamente. Essas não ficam excluídas da aplicação analógica no direito público. Tais considerações são de especial alcance no direito administrativo".[100]

É do mesmo sentir Cammeo: "Naturalmente no direito administrativo a analogia será buscada entre as normas precisas que regulem matéria administrativa análoga, ou deduzida dos princípios gerais deste ramo do Direito. Não se poderá recorrer aos princípios gerais de direito privado, senão enquanto eles reflitam institutos que por sua própria generalidade são comuns a todos os ramos de Direito e aplicáveis às específicas relações entre cidadãos e Estado. Tudo isto é a conseqüência do caráter de direito comum, e não de direito excepcional que, diante do direito privado, tem o administrativo".[101]

4.1.4 Aplicação, direito excepcional e especial

Os doutrinadores em geral admitem o recurso à analogia nas prescrições de direito comum, ou seja, "quello che corrisponde ai principi generali del Diritto, eccezionale quello che si discosta".[102] Mas entendem não ser possível sua aplicação no direito excepcional, ou seja, "quando este só encerra exceções, os casos não incluídos entre elas consideram-se como sujeitos à *regra geral*".[103] Quanto ao direito especial ou particular a analogia é cabível.[104]

---

99. O saudoso professor André Franco Montoro explica a justiça comutativa, consoante a qual "um particular dá a outro particular o bem que lhe é devido"; e a justiça distributiva, de acordo com a qual "a sociedade dá a cada particular o bem que lhe é devido" (*Introdução* ..., cit., p. 139).
100. Oswaldo Aranha Bandeira de Mello, ob. cit., v. I, p. 356.
101. Ob. cit., pp. 156-157. Este questionamento é muito importante, sobretudo no tocante às nulidades dos atos jurídicos estabelecidos no Código Civil Brasileiro – aplicam-se as mesmas normas no direito administrativo?
102. Federico Cammeo, ob. cit., p. 240.
103. Carlos Maximiliano, ob. cit., p. 213.
104. Quanto à interpretação extensiva, aplica-se tanto no direito comum como no excepcional, assim também no especial ou particular.

Cammeo, a respeito deste direito, assevera: "O caso de direito singular em matéria administrativa não é infreqüente e aqui entram todos os privilégios concedidos a um determinado ente, seja mesmo com normas que contemplem relações gerais entre ele e os cidadãos (...)".[105]

O invulgar Carlos Maximiliano explica a distinção entre direito comum e direito singular: "O primeiro contém normas gerais, acordes com os princípios fundamentais do sistema vigente e aplicáveis universalmente a todas as relações jurídicas a que se referem; o segundo atende a particulares condições morais, econômicas, políticas ou sociais, que se refletem na ordem jurídica, e por esse motivo subtrai determinadas classes de matérias ou de pessoas às regras de direito comum, substituídas de propósito por disposições de alcance limitado, aplicáveis apenas às relações especiais para que foram prescritas".[106]

São exemplos de direito especial o Código Comercial, o Penal, o Florestal, o das Águas, as leis sobre funcionários públicos.

Especificamente quanto ao direito excepcional, o jurista gaúcho expõe: "As disposições excepcionais são estabelecidas por motivos ou considerações particulares, contra outras normas jurídicas, ou contra o direito comum; por isso não se estendem além dos casos e tempos que designam expressamente".[107]

Para o autor são normas excepcionais, entre outras, as de caráter punitivo, quando não se referem a delitos, porém cominam multas, privação de direitos ou regalias; as que impõem ônus ou encargos; as que concedem arrestos, seqüestros e outras medidas necessárias, porém violentas; as que dão competência excepcional ou especialíssima – enfim, as que introduzem exceções, de qualquer natureza, a regras gerais ou a um preceito da mesma lei, a favor ou em prejuízo de indivíduos ou classes da comunidade.[108]

Segundo ainda Carlos Maximiliano as disposições que limitem a liberdade, considerada em sentido amplo – locomoção, trabalho, trânsito, profissão, indústria, comércio etc. –, e a propriedade, são interpretadas estritamente.[109]

---

105. Ob. cit., p. 241.
106. Ob. cit., p. 228.
107. Carlos Maximiliano, ob. cit., p. 227.
108. Idem, ibidem, p. 230.
109. Ob. cit., pp. 231-232.

4.1.5 Interpretação extensiva e analogia

Acentua-se serem diferentes a interpretação extensiva e a analogia, acolhendo-se a primeira e refutando-se esta quanto às normas estatuidoras de infrações e sanções administrativas.[110]

Qual a diferença entre interpretação extensiva e analogia? Mais uma vez vamos nos valer dos ensinamentos de Carlos Maximiliano: "A interpretação revela o que a regra legal *exprime*, o que da mesma decorre *diretamente*, se a examinam com inteligência e espírito liberal; a analogia serve-se dos *elementos* de um dispositivo e com o seu auxílio formula *preceito novo*, quase nada diverso do existente, para resolver hipótese não prevista de modo explícito, nem implícito, em norma alguma".[111]

Federico Cammeo, perscrutando a regra segundo a qual "as leis penais, as que restringem o livre exercício dos direitos ou formam exceções à regra geral ou a outras leis, não se estendem além dos casos e do tempo nelas expressos" (art. 4º das disposições preliminares ao Código Civil italiano), assim se expressa: "Deseja-se argumentar que a interpretação extensiva do direito excepcional esteja proibida; mas é um equívoco porque o que o art. 4º [*acima*] interdita é a analogia no direito excepcional (...). O direito excepcional é interpretado como o direito comum segundo a sua *ratio* e se esta, por acidente, é mais ampla pode interpretar-se extensivamente. Assim, é lícita a interpretação extensiva de lei de imposto, excluindo-se apenas a analógica".[112]

---

110. Devemos esclarecer a possibilidade de aplicação da analogia no direito administrativo, inclusive de algumas normas de direito civil, como as que cuidam de nulidades do ato jurídico. Expõe Oswaldo Aranha Bandeira de Mello: "Portanto, só em atenção à causa final específica do instituto, e à causa final geral da atividade estatal, qual seja, o interesse público, em se verificando que a hipótese se enquadra exatamente nos mesmos princípios jurídicos, admite-se a analogia no direito administrativo" (ob. cit., v. I, p. 356).
111. Ob. cit., p. 215. Se a lei estabelece "homens" o intérprete pode ampliar o termo igualmente para as mulheres; mas se for estendê-lo às pessoas jurídicas cuidar-se-á de analogia (exemplo de Ferrara, ob. cit., p. 63).
112. Ob. cit., pp. 240-241. O ilustre autor italiano esclarece ser pacífica a jurisprudência daquele país quanto à impossibilidade de analogia nas disposições de caráter excepcional, assim como nas de caráter singular, enquanto é permitida nas normas de caráter especial, na medida em que estas não excluem os princípios de caráter geral, mas os especificam, adotando-os, enquanto as normas excepcionais e as singulares contrastam com os princípios gerais e os excluem, porque incompatíveis (ob. cit., p. 159, rodapé).

4.1.5.1 Cabimento nas sanções administrativas?

– Mas a analogia não cabe, por evidente, no direito penal e nas sanções administrativas. Do mesmo modo, descabe "em matéria de *privilégios*, bem como em se tratando de dispositivos que limitam a *liberdade*, ou *restringem quaisquer outros direitos* (...)".[113]

A respeito de sua aplicação em matéria disciplinar expõe o sempre citado professor Oswaldo Aranha Bandeira de Mello: "A analogia se não aplica em matéria disciplinar nas medidas administrativas com caráter punitivo. Portanto, em inquérito administrativo de funcionário não tem cabida a admissão de falta ou a aplicação de penalidade com base na analogia. Outrossim, a autuação de contribuinte por infração fiscal, e conseqüentemente multa, se não pode tolerar com fundamento na analogia (...)".[114]

O mesmo juspublicista, quanto ao poder de polícia, explica: "Igualmente, não se aplica, em matéria de restrições à liberdade e propriedade em si, como observado, a analogia, no exercício pela Administração Pública do seu poder de polícia. Isso por constituírem princípios fundamentais da ordem jurídico-social, e assegurados pela maioria das Constituições".[115]

Quanto à aplicação de sanções, arremata: "As hipóteses legais de aplicação de sanções e de exigências de contribuições patrimoniais, bem como as que estabelecem regime de exceção, são de alcance exato e não toleram aplicação analógica. Por isso, as normas de direito penal e de direito tributário não comportam analogia, uma vez indicam, de modo preciso, as espécies que podem e devem incidir (...)".[116]

4.1.6 Conclusão sucinta

Podemos concluir não ser possível a analogia nas sanções administrativas, embora admitamos a analogia *in bonan partem* e a interpretação extensiva, nos mesmos termos do direito penal, que igualmente é repressivo. Afinal, como copiosamente mencionamos, a analogia, no tema, não é utilizada, assim como no direito penal; trata-

---

113. Carlos Maximiliano, ob. cit., p. 213.
114. Ob. cit., v. I, p. 355.
115. Idem, ibidem.
116. Oswaldo Aranha Bandeira de Mello, ob. cit., v. I, p. 355.

se de corolário da própria tipicidade da norma repressiva; decorre do princípio da tipicidade e também do da legalidade.

De outro lado, a analogia *in bonam partem* é imperiosa no direito administrativo. Se se justifica não utilizarmos a analogia, ante o princípio da tipicidade, ela deverá ser aplicada sempre que for para beneficiar o transgressor da norma, nos casos de "exclusão da infração, incluindo a antijuridicidade, ou isenção, atenuação e extinção da pena". Se a norma exclui a antijuridicidade se o infrator atuar em legítima defesa, por que não a exclui em face do estado de necessidade? Se a norma isenta de pena as pessoas jurídicas que cometerem determinada infração administrativa, se houver identidade de razão, qual o motivo de não o estender às pessoas físicas?

4.1.7 Argumentos analógicos

4.1.7.1 Classificação – Ante a "lacuna" da lei o aplicador pode recorrer aos argumentos analógicos, vale dizer, "raciocínios que procuram provar ou refutar algo, persuadindo alguém de sua veracidade ou validade (...)".[117] Tais argumentos são três, na lição de Maria Helena Diniz:[118]

(a) Argumento *a simili* ou *a pari*: por intermédio deste argumento, segundo a autora, conclui-se apenas sobre a semelhança da *ratio legis*, obedecendo-se às seguintes regras: não fundar as conclusões em semelhanças raras e secundárias; não olvidar as diferenças; e não confundir as conclusões prováveis e problemáticas com as certas da indução e dedução.

(b) Argumento *a fortiori*:[119] este surge "do fato de que as notas, que trazem a tônica da semelhança de um objeto a outro, convenham ao segundo em grau distinto do primeiro". Compreende os argumentos *(b.1) a maiori ad minus* – segundo o qual, se a lei autoriza o mais,

---

117. Maria Helena Diniz, ob. cit., p. 414.
118. Idem, pp. 414-416.
119. A autora entende cuidar-se de interpretação extensiva, e não de analogia, pois no argumento *a maiori ad minus* há maior intensidade e não se verifica a *ratio juris*, própria da analogia: se está permitido emprestar dinheiro a juros de 6%, com maior razão a 4%. Trata-se de simples subsunção. O mesmo ocorre com o argumento *a minori ad maius* (ob. cit., p. 415). Cammeo pensa do mesmo modo, isto é, que ambos se referem à interpretação extensiva (ob. cit., p. 240).

implicitamente se permite o menos[120] – e *(b.2) a minori ad maius* – consiste em passar da validade de uma disposição normativa menos extensa para outra mais ampla: se a lei proíbe o menos, com maior razão proíbe o mais. "Se se proíbe transporte de cães, com mais razão está proibido o transporte de ursos" (Ihering); "se alguém está privado de administrar seus bens, não os poderá, com maior razão, vender".

(c) Argumento *a contrario*: "funda-se no fato de que um objeto diverso de outro em várias notas também o será quanto à qualidade sob a qual existe a diferença".[121] Numa palavra: a inclusão de um importa a exclusão do outro.

Sua utilização pode ser ampla, em algumas hipóteses, "quanto ao só efeito de excluir a *antítese*. Por exemplo: criado um recurso para causas *cíveis* sem outra restrição em evidência, cumpre admiti-lo nas comerciais, porém não em criminais (...)".[122]

Em outros casos ele aparece de forma evidente. Explica Maximiliano: "Assim acontece quando a norma se refere a hipótese determinada, *sob a forma de proposição negativa*; e, em geral, quando estatui de maneira restritiva, limita claramente *só* a certos casos a sua disposição, ou se inclui no campo estreito do direito excepcional. Então, se presume que, se uma hipótese é regulada de certa maneira, solução oposta caberá à hipótese contrária".[123]

4.1.7.2 Advertência – Entretanto – devemos advertir –, uma generalização do argumento *a contrario* extinguiria a interpretação extensiva e restritiva e também a analogia. Tal argumento deve ser utilizado "após tentativas infrutíferas de interpretação e do emprego da analogia, não se aplicando, portanto, a todos os casos de silêncio da lei".[124]

---

120. Assim, se a lei concede competência à autoridade superior para punir o servidor com sanção grave (demissão), certamente permite-lhe apená-lo menos severamente (advertência).
121. Maria Helena Diniz, ob. cit., p. 416.
122. Carlos Maximiliano, ob. cit., p. 244.
123. Ob. cit., p. 244. Resume o autor: "O argumento *a contrario* não se aplica a todos os casos de silêncio da lei; só merece apoio quando a fórmula positiva evidentemente implica exegese estrita. Enquadra-se bem no direito excepcional. A hipótese mais freqüente e segura é a de uma enumeração *taxativa*: os casos não expressos regem-se pelo preceito oposto, seguem a regra geral" (ob. cit., p. 245).
124. Maria Helena Diniz, ob. cit., p. 416.

Carlos Maximiliano assevera:

"Os dois argumentos, *a majori ad minus* e *a pari*, seguem processo inverso do *a contrario*: são mais fecundos e de emprego mais freqüente. Descoberta a razão íntima e decisiva de um dispositivo, transportam-lhe o efeito e a sanção aos casos não previstos, nos quais se encontrem elementos básicos idênticos aos do texto.

"Exige maior cautela o argumento *a minori ad majus*: se é vedado o menos, conclui que o será também o mais; a condição imposta ao caso de menor importância prevalece para o de maior valor e da mesma natureza (...).

"A conclusão do *a minori ad majus* nem sempre será lógica e verdadeira. Basta lembrar que os textos *proibitivos* e os que impõem *condições* quase sempre se incluem no direito excepcional, sujeito a exegese *estrita* e incompatível com o *processo analógico*, ao qual pertencem os três argumentos (...). Por isso mesmo, só se aplicam estes ao direito comum, não ao penal, ao fiscal, nem ao *excepcional*, e têm como alicerce o adágio da analogia – *ubi eadem ratio, ibi eadem juris dispositio*."[125]

4.1.7.3 Sanções administrativas – Logo, sendo mera interpretação, ou resultado dela, podemos aplicar tais argumentos no caso das sanções administrativas?

Pensamos que sim. O argumento *a maiori ad minus*, por exemplo, pode ser utilizado nas sanções disciplinares; por exemplo, quando a lei permite a determinada autoridade aplicar a pena de demissão ao servidor; logicamente poderá ela aplicar a de suspensão, advertência etc., sanções menores. Trata-se, apenas, de estender o que já está subtendido no conteúdo da norma.

No tocante ao argumento *a minori ad maius* não podemos afastá-lo totalmente; imaginemos a norma legal estabelecendo "é proibido conduzir veículos com pneus gastos: pena – multa de um salário mínimo". Se o motorista for surpreendido conduzindo o veículo com pneus furados, não será punido? Diz a norma: "é proibido pisar na grama: pena – multa de tanto". Digamos que determinada pessoa, sem colocar os pés na grama, consiga, com uma máquina qualquer, retirá-la ou estragá-la. Não haverá sanção a ser aplicada? Se a norma estabelece a

125. Ob. cit., p. 246.

pena de multa pelo fato de a pessoa trazer consigo um cachorro no parque municipal, se ele trouxer um urso não será penalizado? No direito penal – acentua Magalhães Noronha – "pode [*a interpretação*] ser *extensiva*, quando, para fazer as palavras corresponderem à vontade da lei, é mister ampliar seu sentido ou alcance. É admissível no direito penal, não obstante muitos a impugnarem. É permitida quando os casos não previstos são abrangidos por força de compreensão. Assim, o que é punido no *menos*, o é, também, *no mais*; o que é permitido quanto *ao mais*, o é, igualmente, quanto *ao menos* (...)".[126]

O argumento *a contrario* pode ser aplicado nas sanções administrativas: incluída determinada hipótese, excluída será a outra; decorre mesmo do princípio da tipicidade, segundo o qual as sanções administrativas serão aplicadas apenas nos casos elencados pela norma, ou seja, nas hipóteses previamente estabelecidas por ela, segundo seus termos, seu conteúdo. A norma traz tipos: uma vez praticada a conduta descrita por ela, corresponderá a sanção.

Entretanto – conforme frisarmos –, tal argumento restringe a interpretação, extensiva e restritiva, e deve ser utilizado com reservas. Os argumentos anteriores são importantes e devem ser considerados.

4.2 Princípios gerais do Direito

4.2.1 Compreensão

Os princípios gerais do Direito são extraídos do ordenamento jurídico. Estão latentes, ínsitos, no sistema, fazem parte dele como elemento integrante do arcabouço jurídico de determinado país. Integram a ordem jurídica como tal, porém sua aplicação ocorre apenas se não houver lei regulando a situação fática e não se puder recorrer à analogia.[127] Possuem "parte contingente" (em função da civilização e da cultura de determinado povo) e "parte perene" (em virtude das exigências da natureza humana e da vida social na sua universalidade).[128]

---

126. *Direito Penal*, 15ª ed., v. I, p. 82.
127. Art. 4º da Lei de Introdução ao Código Civil Brasileiro: "Quando a lei for omissa, o juiz decidirá o caso de acordo com a analogia, os costumes e os princípios gerais de Direito".
128. Oswaldo Aranha Bandeira de Mello, ob. cit., v. I, p. 360.

Ferrara ensina: "Todo o edifício jurídico se alicerça em princípios supremos que formam as suas idéias diretivas e o seu espírito, e não estão expressos, mas são *pressupostos pela ordem jurídica*. Estes princípios obtêm-se por *indução*, remontando de princípios particulares a conceitos mais gerais, e por generalizações sucessivas aos mais elevados cumes do sistema jurídico (...). Na aplicação dos princípios gerais do Direito passa-se sucessivamente dos mais particulares aos de mais vasto e superior conteúdo, e deve fazer-se o confronto da relação a regular com os princípios jurídicos a que tal relação há de subordinar-se".[129]

4.2.2 E analogia jurídica

Assim, Ferrara entende confundirem-se os princípios gerais do Direito com a analogia jurídica. Mas, explica Oswaldo Aranha Bandeira de Mello:

"A analogia jurídica está em aplicar a várias situações jurídicas particulares textos legais que dominam outras situações jurídicas particulares. Isso em virtude da regra fundamental de identidade de razão, entre todas elas. Então, se transpõem para situações jurídicas particulares semelhantes. (...).

"A analogia está em aplicar pela identidade de razão, ante a semelhança de situações jurídicas, certo princípio geral do direito positivo, transplantando-o dos textos, em função de hipóteses específicas, para outras hipóteses igualmente específicas. Não se vai do particular ao geral, mas de situações particulares a outras particulares, tendo em vista a identidade de razão, imanente em ambas (...).

"Nessas circunstâncias não se socorre, desde logo, dos últimos – dos verdadeiros princípios gerais do Direito –, mas se invocam textos jurídicos que abrangem dada ordem positiva para, mediante a analogia, se aplicar a outras situações semelhantes, ante a identidade de razão que as unifica, para sujeitar-se ao mesmo ordenamento jurídico. Portanto, por processo analógico."[130]

---

129. Ob. cit., p. 62 (grifos nossos). Como se observa, para este autor os princípios gerais não integram a ordem jurídica, são seu pressuposto.
130. Ob. cit., v. I, p. 359. No mesmo sentido Cassagne: "Pero esto es una cosa bien distinta que afirmar que los principios generales del Derecho son los que derivan de la analogía, ya que este procedimiento no es idóneo para descubrir una

4.2.3 Exemplos

São exemplos de princípios gerais do Direito, citados por Oswaldo Aranha Bandeira de Mello: "Consideram-se, entre outros, princípios gerais do Direito, se não inscritos no direito positivo de certo país: o conceito de pessoa, de bem e de relação jurídica, a regra da irretroatividade das leis e da intangibilidade das situações jurídicas definitivamente constituídas; o preceito da responsabilidade civil dos agentes livres, pelos atos por eles praticados seja como particulares, seja como agentes públicos; a prescrição da *igualdade de todos perante a lei*, tanto no candidatar-se a cargos públicos, como nos encargos tributários, e da garantia da liberdade e da propriedade do particular em face do Estado-poder; a norma que não admite o enriquecimento sem causa, a que *ninguém deve ser punido sem ser ouvido*, a que não pode alguém se beneficiar da própria malícia; e, ainda, a de continuidade de prestação de serviço público, e de que não lhe cabe a escolha preferencial do cliente, o que acarreta, como conseqüência, a obrigação da sua prestação, a da impossibilidade de desvinculação dos agentes públicos sem o ato de exoneração e a da proibição de greves deles, salvo texto legal em contrário".[131]

Outros exemplos são trazidos por Cassagne – tais a autotutela em matéria de domínio público, a continuidade dos serviços públicos e a igualdade na licitação, "e ainda quando não estejam expressamente incorporados, em todos os casos, ao direito positivo, têm tido plena acolhida por parte da doutrina e da jurisprudência".[132] O mesmo autor, em seguida, traz outros exemplos, advindos do direito privado: enriquecimento sem causa e a boa-fé.[133] Acrescentamos, como veremos na oportunidade própria, a distribuição das cargas públicas, decorrente do princípio da igualdade, mas que com ele não se confunde.

4.2.4 Limitação

Vale notar, na lição do ilustre professor Oswaldo Aranha Bandeira de Mello, a existência de alguns princípios gerais de Direito os

---

verdad general, pues va de lo particular a lo particular coordinado, en sentido opuesto a la inducción" ("Los Principios Generales del Derecho en el Derecho Administrativo", in *Estudios de Derecho Público*, p. 13).
131. Ob. cit., v. I, p. 361 (grifos nossos).
132. Ob. cit., p. 13.
133. Ob. cit., p. 14.

quais foram amainados por outros, tendo em vista preocupações solidaristas. Um dos exemplos trazidos por ele concerne à impossibilidade de se responsabilizar alguém mais de uma vez pelo mesmo fato (contido no princípio *ne bis in idem*), condicionada, porém, ao fundamento jurídico do país, a fim de "permitir a responsabilidade penal, civil e disciplinar, concomitante, por um só ato irregular, desde que dele decorram danos na ordem social, patrimonial e administrativa".[13]

Com efeito, no Brasil referido princípio encontra-se restringido em face de disposições normativas, das quais resultam, pelo mesmo fato, três esferas de responsabilidades – civil, penal e administrativa –, tendo todas elas certas ligações, ante as interferências entre umas e outras. Mas, de regra, as duas primeiras são de alçada do Poder Judiciário, após um processo regular, próprio ao fim a que se destina, a sentença do juiz, que faz a certeza do direito; a última, contudo, é apurada pela própria Administração, por meio de processo em que se assegure ao administrado ou servidor ampla defesa, podendo este socorrer-se do Poder Judiciário para o restabelecimento de seu direito.

4.2.5 Tipologia. Juan Carlos Cassagne

O culto jurista argentino Cassagne explica, com percuciente análise científica, a estrutura dos princípios gerais do Direito: "Enquanto as normas respondem a uma certa estrutura lógica, onde tanto a proposição jurídica constituída pela hipótese do fato que ela determina como a conseqüência estão formuladas 'com similar propósito de precisão', [citando Rodolfo L. Vigo, "Los principios generales del Derecho", *Jurisprudencia Argentina*, de 20.8.1986, p. 6] os princípios aparecem com uma margem de indeterminação e abstração que os leva a necessitar sempre de um ato posterior que os precisa em uma formulação mais detalhada, seja em sua incorporação ao direito positivo ou, à falta deste, em sua aplicação ao caso concreto".[135]

De fato, as normas jurídicas, como visto, têm estrutura lógica, concatenada: os mandamentos não cumpridos redundam em conseqüências a quem os transgredir, nos termos da relação estipulada pelos homens, sem qualquer relação de causa e efeito, que são próprios da relação natural. É a subsunção, aplicação da lei ao caso concreto.

---

134. Ob. cit., v. I, p. 362.
135. Ob. cit., p. 4.

Os princípios gerais do Direito são precisados, especificados, detalhados, quando incorporados ao direito positivo; ou na sua aplicação ao caso concreto, pelo juiz ou pelo administrador. Não ocorre pura e simplesmente a subsunção; há necessidade de se perquirir a estrutura do ordenamento jurídico, considerando-se os elementos contingenciais e os elementos perenes (por exemplo, a proteção à vida humana, à sadia qualidade de vida).

O mesmo autor, em seguida, traz a classificação dos princípios gerais do Direito. Há princípios provenientes do direito natural, mas que foram incorporados ao direito positivo, como os de *caráter fundamental e básico*, que comumente se encontram na Constituição, e os de *natureza estritamente institucional*, que aparecem em outros ramos do Direito, como os direitos civil, comercial e penal. Os princípios de caráter fundamental e básico são os fundamentos do ordenamento positivo em geral, normalmente incorporados na Constituição.[136] Já, os princípios que constituem a base de toda instituição, a partir de sua idéia organizativa, são verdadeiros princípios gerais de cada disciplina. Contudo, estes princípios podem prevalecer em relação àqueles outros. Ensina o autor: "Estes princípios, quando estejam consagrados no direito positivo, podem representar uma formulação diversa e ainda podem ter preferência relativamente a um princípio mais geral do ordenamento positivo. É o que ocorre, por exemplo, com o princípio segundo o qual se permite à Administração alegar sua própria torpeza, promovendo a respectiva ação de nulidade, o que resulta totalmente oposto ao que rege no direito civil".[137]

O mesmo se pode dizer do ordenamento brasileiro; enquanto o particular não pode alegar sua própria torpeza para se desvencilhar de seus deveres, o Estado pode alegar sua torpeza ao reconhecer a nulidade do ato administrativo, de ofício, reconhecendo o descumprimento da lei; mas deverá, apesar disso, cumprir outro princípio de Direito, geral, fundamental: a proibição do enriquecimento ilícito. Isto é, deverá ressarcir o particular que estiver de boa-fé.

---

136. No Brasil basta ler o art. 1º da Constituição Federal para percebermos princípios gerais do Direito incorporados no direito positivo, sobretudo a dignidade da pessoa humana e os valores sociais do trabalho e da livre iniciativa (incisos III e IV, dentre os fundamentos da República Federativa do Brasil).

137. Ob. cit., p. 7.

4.2.6 No direito administrativo

Vimos precedentemente ser o direito administrativo ramo distinto de outros ramos do Direito, em face de sua peculiaridade, em especial a ausência de normas jurídicas concatenadas, coordenadas. A falta de codificação adequada faz com que não se procure apenas analogia, mas igualmente os Princípios Gerais do Direito. Tanto os do Direito em geral como os do direito administrativo. Então, há peculiaridades, especificidades, neste último. Iremos expor o pensamento de Cassagne, para podermos esclarecer o tema.

Os princípios gerais de Direito têm três tarefas distintas, porém inconfundíveis: fundamento, interpretação ou integração da ordem jurídica.

Como *fundamento* da ordem jurídica, constituem a base do ordenamento, porque são os suportes dele; na função de orientar e informar o ordenamento, mediante sua interpretação, realizam tarefa corretiva ou extensiva das normas; finalmente, os princípios cumprem função de integrar a ordem jurídica, em face da carência de normas a reger a questão.

Assim, retornando às nossas idéias, qualquer *sanção* aplicada pelo Estado, inclusive a administrativa, não pode ser incongruente com a dignidade da pessoa humana, pois este é um dos princípios basilares do ordenamento jurídico. A interpretação que se faça da norma jurídica, sobretudo a que estabelece sanções, deve ser feita em consideração ao referido princípio geral de Direito.

Importante ressaltarmos um ponto: a analogia no direito administrativo não pode incompatibilizar-se com os princípios gerais de direito público, sob pena de se confundir institutos de natureza jurídica diversa. Assevera Cassagne: "Desse modo, apesar do transcendente papel que cumpre a analogia no âmbito do direito administrativo, ela deve ajustar-se aos princípios gerais que regem o direito público, compatibilizando, em primeiro lugar, a aplicação da norma similar ou afim com os princípios que regem cada instituição e culminando com os princípios básicos ou fundamentais do ordenamento administrativo, provenham estes do direito positivo ou natural".[138]

Aplicando-se tal premissa ao direito administrativo, temos de acolher com algumas cautelas normas reguladoras de outros ramos

138. Ob. cit., p. 13.

jurídicos, como do direito civil e mesmo do direito penal, aplicadas àquela seara. Devemos verificar se a norma específica contida em outros ramos do ordenamento jurídico não se incompatibiliza com o instituto estudado. Esses ensinamentos servem também para as sanções administrativas.

De todo modo, nas sanções administrativas observam-se os princípios gerais do direito penal, por cuidar-se da função sancionadora do Estado. Esta categorização, porém, não poderá chegar a extremos a ponto de macular, inviabilizar, a sanção aplicada pelo Poder Público. Algumas particularidades próprias do direito administrativo podem ser consideradas. Explica o mencionado autor: "Em outro plano, no da atividade sancionadora da Administração Pública, regem, com as necessárias adaptações que requer a matéria administrativa, os princípios gerais do direito penal substantivo. Nesse sentido, os clássicos princípios do direito penal têm vigência no direito administrativo, como o de que os fatos puníveis e as penas a aplicar devem estar previstos na lei (*nullum crimen, nulla poena sine lege*)[139] e o princípio *non bis in idem*".[140]

Sobreleva ato administrativo cujo objeto não tenha ressonância com os princípios gerais do Direito; se a autoridade edita ato administrativo, por exemplo, permitindo, nos termos da lei, a concessão de parcelamento de tributo devido ao Estado e a não-exigência de multa por infração fiscal ante a contrapartida de o contribuinte não acionar, posteriormente, o Poder Público, na via administrativa ou jurisdicional, temos evidência de se cuidar de ato que atenta contra o princípio geral do devido processo de direito adjetivo. A pretendida defesa do Estado cede para o princípio geral de Direito referido, além de outros, como o da moralidade administrativa e o da dignidade da pessoa humana. No confronto entre interesses públicos secundários (patrimoniais) e interesses públicos primários (defesa da ordem jurídica, da ordem pública), como realçamos ao longo da exposição, prevalecem sempre estes últimos.

4.2.6.1 A distribuição das cargas públicas. No direito administrativo e no direito tributário – A nosso ver, trata-se de um dos princípios

---

139. Quanto ao princípio da legalidade, pode-se estudar seu reflexo no Direito Administrativo Sancionador, pois há situações nas quais ele não se aplica com a mesma intensidade que no Direito Penal.
140. Cassagne, ob. cit., p. 14.

gerais de Direito mais relevantes no ordenamento jurídico, permitindo ao intérprete e ao aplicador estender ou restringir o alcance da norma jurídica de acordo com o caso concreto submetido a análise.

A definição de *cargas públicas* pode ser tomada em diversos matizes. Vamos nos ater, porém, à consideração dos particulares que suportam todo o "peso" das despesas públicas – isto é, o princípio exige que cada um suporte a mesma contribuição.

Os cidadãos devem suportar ônus de acordo com sua capacidade; estamos nos referindo ao princípio da igualdade, o qual exige proporcionalidade, razoabilidade. Mas, além disso, há necessidade de haver uma "distribuição" eqüitativa de valores e ônus que sobrecarregam os particulares. Assim, por exemplo, se o Município, por ato lícito, nivela determinada rua, em benefício de todos, mas acaba por deixar um dos moradores em situação deficitária, em virtude de a sua casa ter ficado desnivelada, ou seja, diferente do leito da via, poderá o prejudicado pedir perdas e danos. O mesmo raciocínio vale no caso de tombamento de determinado imóvel em virtude do qual o proprietário vem a sofrer diminuição no valor dele.

Mas a distribuição das cargas públicas aplica-se em especial no direito tributário. Este ramo jurídico, embora específico, está ubicado no direito administrativo – aliás, o saudoso professor Geraldo Ataliba sempre dizia ser o direito tributário sub-ramo do direito administrativo. De todo modo, vamos dar um exemplo para podermos aquilatar o alcance do princípio que estamos verificando.

Se, por exemplo, estabelecida isenção de certo imposto por lei específica, na forma do art. 150, § 6º, da Constituição Federal, às instituições financeiras, apenas as pessoas jurídicas similares às beneficiadas poderiam obter o mesmo benefício, atendendo ao princípio da igualdade. Este é o entendimento corriqueiro, normal.

Digamos, porém, que a isenção, no exemplo, não foi coerente, razoável, e feriu o devido processo na forma substancial.

Assim, socorre-nos a idéia do princípio da distribuição das cargas públicas. Se certas categorias de empresas têm capacidade econômica, de todos conhecida, exageradamente superior à das demais pessoas jurídicas, torna-se possível a estas últimas pedirem o mesmo benefício concedido àquelas. Não se cuida de analogia, pois não há semelhança de fato; na verdade, trata-se de justiça distributiva, aplicada pelo magistrado em consideração ao conjunto de normas jurídico-positivas, e em especial aos ditames estabelecidos pela Constituição Federal quanto aos fundamentos da República Brasileira (art. 1º).

Lei já existe concedendo a isenção; sendo irrazoável, causando desproporção na distribuição das cargas públicas referentemente à particular condição do ente prejudicado, serve o princípio da distribuição das cargas públicas para estender o benefício às entidades menos aquinhoadas. Mas, havendo lei vedando tal possibilidade, tal conduta seria inconstitucional, por ofensa aos princípios norteadores do Direito Constitucional – sobretudo o da dignidade da pessoa humana e o da igualdade –, na sua correlação com a distribuição das cargas públicas.

Com isto não se discute mais se o princípio da igualdade aplica-se aos casos em que, de fato, os entes ou as pessoas sejam iguais, numa proporção. Embora decorrente do princípio da igualdade, o princípio da distribuição das cargas públicas com ele não se confunde, e tem elastério bem mais amplo, em prol do cidadão.[141]

---

141. A respeito do princípio: Pierre Delvolve, *Le Principe d'Égalité devant les Charges Publiques*, Paris, 1969.

BIBLIOGRAFIA

ALESSI, Renato. *Principi di Diritto Amministrativo*. v. I. Milão, Giuffrè Editore, 1974.
_____. *Sistema Istituzionale del Diritto Amministrativo Italiano*. Milão, Giuffrè Editore, 1953.
ARISTÓTELES de Estagira. *A Política*. São Paulo, Nova Cultural, 1999.
ATALIBA, Geraldo (coord.). *Elementos de Direito Tributário*. São Paulo, Ed. RT, 1978.
BACELAR FILHO, Romeu Felipe. *Princípios Constitucionais do Processo Administrativo Disciplinar*. São Paulo, Max Limonad, 1998.
BANDEIRA DE MELLO, Celso Antônio. *Curso de Direito Administrativo*. 13ª ed. São Paulo, Malheiros Editores, 2001.
_____. "Eficácia das normas jurídicas sobre justiça social". *RDP* 57-58. São Paulo, Ed. RT.
_____. *O Conteúdo Jurídico do Princípio da Igualdade*. 3ª ed., 8ª tir. São Paulo, Malheiros Editores, 2000.
BANDEIRA DE MELLO, Oswaldo Aranha. *Princípios Gerais de Direito Administrativo*. 1ª ed., v. I. São Paulo, 1969.
BARROS CARVALHO, Paulo de. *Teoria da Norma Tributária*. São Paulo, Max Limonad, 1998.
BOBBIO, Norberto. *O Positivismo Jurídico*. São Paulo, Ícone, 1995.
BORGES, José Souto Maior. *Lançamento Tributário*. 2ª ed. São Paulo, Malheiros Editores, 1999.

CAETANO, Marcello. *Manual de Direito Administrativo*. 10ª ed., 6ª tir., v. I. Coimbra, Almedina, 1997.
CAMMEO, Federico. *Corso di Diritto Amministrativo*. Pádua, CEDAM, 1960.
CAMPOS, Francisco. *Direito Constitucional*. v. II. Rio de Janeiro, Freitas Bastos, 1956.
CARNELUTTI, Francesco. *Teoria Geral do Direito*. São Paulo, Lejus, 1999.

CASSAGNE, Juan Carlos. *Estudios de Derecho Público*. Buenos Aires, Depalma, 1995.
COELHO, Fábio Ulhoa. *Para Entender Kelsen*. 2ª ed. São Paulo, Max Limonad, 1996.
COLLÈGE LIBRE DES SCIENCES SOCIALES – 1910. *Les Méthodes Juridiques*. Paris, V. Giard & E. Brière, 1911.
DEL VECCHIO, Giorgio. *Presupposti, Concetto e Principii del Diritto*. Milão, Giuffrè Editore, 1959.
DEVOLVE, Pierre. *Le Principe d'Égalité devant les Charges Publiques*. Paris, 1969.
DI PIETRO, Maria Sylvia Zanella. *Direito Administrativo*. 12ª ed. São Paulo, Atlas, 2000.
_____. *Discricionariedade Administrativa na Constituição de 1988*. São Paulo, Atlas, 1991.
DINIZ, Maria Helena. *A Ciência Jurídica*. 4ª ed. São Paulo, Saraiva, 1996.
_____. *Compêndio de Introdução à Ciência do Direito*. 8ª ed. São Paulo, Saraiva, 1995.
_____. *Conceito de Norma Jurídica como Problema de Essência*. 2ª ed. São Paulo, Saraiva, 1996.
_____. *Conflito de Normas*. 2ª ed. São Paulo, Saraiva, 1996.

FERRARA, Francesco. *Interpretação e Aplicação das Leis*. São Paulo, Saraiva & Cia. Editores, 1934.
FERRAZ JÚNIOR, Tércio Sampaio. *Teoria da Norma Jurídica*. 3ª ed. Rio de Janeiro, Forense, 1997.
FIGUEIREDO, Lucia Valle. *Curso de Direito Administrativo*. 5ª ed. São Paulo, Malheiros Editores, 2001.
_____. "Devido processo legal e fundamentação das decisões". *RDTributário* 63/211-216. São Paulo, Malheiros Editores.
_____. *Estudos de Direito Tributário*. São Paulo, Malheiros Editores, 1996.
FREITAS, Juarez. *O Controle dos Atos Administrativos*. 2ª ed. São Paulo, Malheiros Editores, 1999.

GARCIA VITTA, Heraldo. *O Meio Ambiente e a Ação Popular*. São Paulo, Saraiva, 2000.
GORDILLO, Agustín. *Tratado de Derecho Administrativo*. 5ª ed., t. I. Buenos Aires, Fundación de Derecho Administrativo, 1998.

KANT, Immanuel. *Crítica da Razão Pura*. São Paulo, Nova Cultural, 1999.
KELSEN, Hans. *Teoria Geral das Normas*. Porto Alegre, Sérgio Antônio Fabris Editor, 1986.
_____. *Teoria Pura do Direito*. 5ª ed. São Paulo, Martins Fontes, 1996.

LOCKE, John. *Ensaio acerca do Entendimento Humano*. São Paulo, Nova Cultural, 1999.

MAGALHÃES NORONHA, Edgard. *Direito Penal*. 15ª ed., v. I. São Paulo, Saraiva, 1978.

MAQUIAVEL, Nicolau. *O Príncipe*. São Paulo, Nova Cultural, 1999.

MARITAIN, Jacques. *Lógica Menor, Elementos de Filosofia-2*. Rio de Janeiro, Agir, 1972.

MAXIMILIANO, Carlos. *Hermenêutica e Aplicação do Direito*. 18ª ed. Rio de Janeiro, Forense, 2000.

MEIRELLES, Hely Lopes. *Direito Administrativo Brasileiro*. 26ª ed. São Paulo, Malheiros Editores, 2001.

MONTORO, André Franco. *Introdução à Ciência do Direito*. 23ª ed. São Paulo, Ed. RT, 1995.

_____. *Dos Conceitos em Geral*. São Paulo, Apostila do Curso de Pós-Graduação da PUC-SP, 1º semestre de 1997.

OLGUÍN JUAREZ, Hugo A. *Extinción de los Actos Administrativos – Revocación, Invalidación y Decaimiento*. Santiago, Editorial Jurídica, 1961.

OLIVEIRA, Régis Fernandes de. *Infrações e Sanções Administrativas*. São Paulo, Ed. RT, 1985.

OSÓRIO, Fábio Medina. *Direito Admînistrativo Sancionador*. São Paulo, Ed. RT, 2000.

PLATÃO. *As Leis*. São Paulo, Edipro, 1999.

QUEIRÓ, Afonso Rodrigues. "A teoria do desvio de poder em direito administrativo". *RDA* 6.

RÁO, Vicente. *O Direito e a Vida dos Direitos*. 5ª ed. São Paulo, Ed. RT, 1999.

REALE, Miguel. *Lições Preliminares de Direito*. 14ª ed. São Paulo, Saraiva, 1987.

ROUSSEAU, Jean-Jacques. *Do Contrato Social*. Trad. e notas de Lourival Gomes Machado. Coleção "Os Pensadores". São Paulo, Nova Cultural, 1999.

SEABRA FAGUNDES, Miguel. *O Controle dos Atos Administrativos pelo Poder Judiciário*. 6ª ed. São Paulo, Saraiva, 1984.

SILVA, De Plácido e. *Vocabulário Jurídico*. 4ª ed., vs. III e IV. Rio de Janeiro, Forense, 1996.

SPÍNDOLA, Ruy Samuel. *Conceitos de Princípios Constitucionais*. São Paulo, Ed. RT, 1999.

TIMBERGER, Têmis. *Atos da Administração Lesivos ao Patrimônio Público*. Porto Alegre, Livraria do Advogado, 1998.

VILANOVA, José. *Elementos de Filosofía del Derecho*. 2ª ed. Buenos Aires, Abeledo-Perrot, 1984.

VIRGA, Pietro. *Il Provvedimento Amministrativo*. 4ª ed., Milão, Giuffrè Editore, 1972.

WALINE, Marcel. *Manuel Élémentaire de Droit Administratif*. 4ª ed. Paris, Sirey, 1946.

ZANCANER, Weida. *Da Convalidação e da Invalidação dos Atos Administrativos*. 2ª ed., 3ª tir. São Paulo, Malheiros Editores, 2001.

* * *